FRIEDRICH SCHILLER

ÜBER NAIVE
UND SENTIMENTALISCHE
DICHTUNG

1795

HERAUSGEGEBEN
UND MIT NACHWORT UND REGISTER VERSEHEN
VON JOHANNES BEER

PHILIPP RECLAM JUN. STUTTGART

Universal-Bibliothek Nr. 7756 [2]
Alle Rechte vorbehalten. Gesetzt in Borgis Garamond-Antiqua
Printed in Germany 1975. Herstellung: Reclam Stuttgart
ISBN 3-15-007756-7

Es gibt Augenblicke in unserm Leben, wo wir der Natur in Pflanzen, Mineralien, Tieren, Landschaften, sowie der menschlichen Natur in Kindern, in den Sitten des Landvolks und der Urwelt, nicht weil sie unsern Sinnen wohltut, auch nicht weil sie unsern Verstand oder Geschmack befriedigt (von beiden kann oft das Gegenteil stattfinden), sondern bloß w e i l s i e N a t u r i s t, eine Art von Liebe und von rührender Achtung widmen. Jeder feinere Mensch, dem es nicht ganz und gar an Empfindung fehlt, erfährt dieses, wenn er im Freien wandelt, wenn er auf dem Lande lebt oder sich bei den Denkmälern der alten Zeiten verweilet, kurz, wenn er in künstlichen Verhältnissen und Situationen mit dem Anblick der einfältigen Natur überrascht wird. Dieses nicht selten zum Bedürfnis erhöhte Interesse ist es, was vielen unsrer Liebhabereien für Blumen und Tiere, für einfache Gärten, für Spaziergänge, für das Land und seine Bewohner, für manche Produkte des fernen Altertums u. dgl. zum Grund liegt; vorausgesetzt, daß weder Affektation *(Streben)*, noch sonst ein zufälliges Interesse dabei im Spiele sei. Diese Art des Interesse an der Natur findet aber nur unter zwei Bedingungen statt. Fürs erste ist es durchaus nötig, daß der Gegenstand, der uns dasselbe einflößt, N a t u r sei oder doch von uns dafür gehalten werde; zweitens, daß er (in weitester Bedeutung des Worts) n a i v [1] sei, d. h., daß die Natur

---

[1] *d. h. natürlich, unbefangen, kindlich; lateinisch: nativus = angeboren; französisch: naïf.*

mit der Kunst im Kontraste stehe und sie beschäme. Sobald das letzte zu dem ersten hinzukommt, und nicht eher, wird die Natur zum Naiven.

Natur in dieser Betrachtungsart ist uns nichts anders als das freiwillige Dasein, das Bestehen der Dinge durch sich selbst, die Existenz nach eignen und unabänderlichen Gesetzen.

Diese Vorstellung ist schlechterdings nötig, wenn wir an dergleichen Erscheinungen Interesse nehmen sollen. Könnte man einer gemachten Blume den Schein der Natur mit der vollkommensten Täuschung geben, könnte man die Nachahmung des Naiven in den Sitten bis zur höchsten Illusion *(Sinnestäuschung)* treiben, so würde die Entdeckung, daß es Nachahmung sei, das Gefühl, von dem die Rede ist, gänzlich vernichten. [2] Daraus erhellet, daß diese Art des Wohlgefallens an der Natur kein ästhetisches *(auf die Schönheit gerichtetes)*, sondern ein moralisches *(sittliches)* ist; denn es wird durch eine Idee vermittelt, nicht unmittelbar durch Betrachtung erzeugt; auch richtet es sich ganz und gar nicht nach der Schönheit der Formen. Was hätte

---

[2] K a n t , meines Wissens der erste, der über dieses Phänomen eigens zu reflektieren angefangen, erinnert, daß, wenn wir von einem Menschen den Schlag der Nachtigall bis zur höchsten Täuschung nachgeahmt fänden und uns dem Eindruck desselben mit ganzer Rührung überließen, mit der Zerstörung dieser Illusion alle unsere Lust verschwinden würde. Man sehe das Kapitel v o m i n t e l l e k t u e l l e n I n t e r e s s e a m S c h ö - n e n in der Kritik der ästhetischen Urteilskraft. Wer den Verfasser nur als einen großen Denker bewundern gelernt hat, wird sich freuen, hier auf eine Spur seines Herzens zu treffen, und sich durch diese Entdeckung von dem hohen philosophischen Beruf dieses Mannes (welcher schlechterdings beide Eigenschaften verbunden fordert) überzeugen.

auch eine unscheinbare Blume, eine Quelle, ein be-
mooster Stein, das Gezwitscher der Vögel, das Sum-
men der Bienen usw. für sich selbst so Gefälliges für
uns? Was könnte ihm gar einen Anspruch auf unsere Liebe geben? Es sind nicht diese Gegenstände,
es ist eine durch sie dargestellte I d e e, was wir in
ihnen lieben. Wir lieben in ihnen das stille schaf-
fende Leben, das ruhige Wirken aus sich selbst, das
Dasein nach eignen Gesetzen, die innere Notwendigkeit, die ewige Einheit mit sich selbst.

Sie s i n d, was wir w a r e n; sie sind, was wir
wieder w e r d e n s o l l e n. Wir waren Natur wie
sie, und unsere Kultur soll uns auf dem Wege der
Vernunft und der Freiheit zur Natur zurückführen.
Sie sind also zugleich Darstellung unserer verlornen
Kindheit, die uns ewig das Teuerste bleibt, daher
sie uns mit einer gewissen Wehmut erfüllen. Zugleich sind sie Darstellungen unserer höchsten Vollendung im Ideale (Vorbild, Leitgedanke, Hoch-
ziel), daher sie uns in eine erhabene Rührung versetzen.

Aber ihre Vollkommenheit ist nicht ihr Verdienst, weil sie nicht das Werk ihrer Wahl ist. Sie
gewähren uns also die ganz eigene Lust, daß sie,
ohne uns zu beschämen, unsere Muster sind. Eine
beständige Göttererscheinung, umgeben sie uns, aber
mehr erquickend als blendend. Was ihren Charakter ausmacht, ist gerade das, was dem unsrigen zu
seiner Vollendung mangelt; was uns von ihnen
unterscheidet, ist gerade das, was ihnen selbst zur
Göttlichkeit fehlt. Wir sind frei, und sie sind notwendig; wir wechseln, sie bleiben eins. Aber nur,
wenn beides sich miteinander verbindet — wenn
der Wille das Gesetz der Notwendigkeit frei befolgt, und bei allem Wechsel der Phantasie die Vernunft ihre Regel behauptet, geht das Göttliche oder

das Ideal hervor. Wir erblicken in ihnen also ewig das, was uns abgeht, aber wornach wir aufgefordert sind zu ringen, und dem wir uns, wenn wir es gleich niemals erreichen, doch in einem unendlichen Fortschritte zu nähern hoffen dürfen. Wir erblicken in uns einen Vorzug, der ihnen fehlt, aber dessen sie entweder überhaupt niemals, wie das Vernunftlose, oder nicht anders, als indem sie unsern Weg gehen, wie die Kindheit, teilhaftig werden können. Sie verschaffen uns daher den süßesten Genuß unserer Menschheit als Idee, ob sie uns gleich in Rücksicht auf jeden bestimmten Zustand unserer Menschheit notwendig demütigen müssen.

Da sich dieses Interesse für Natur auf eine Idee gründet, so kann es sich nur in Gemütern zeigen, welche für Ideen empfänglich sind, d. h. in moralischen. Bei weitem die meisten Menschen affektieren *(erkünsteln, erstreben)* es bloß, und die Allgemeinheit dieses sentimentalischen *(empfindsamen, schwärmerischen, nachdenklichen)* Geschmacks zu unsern Zeiten, welcher sich besonders seit der Erscheinung gewisser Schriften in empfindsamen Reisen, dergleichen Gärten, Spaziergängen und andern Liebhabereien dieser Art äußert, ist noch ganz und gar kein Beweis für die Allgemeinheit dieser Empfindungsweise. Doch wird die Natur auch auf den Gefühllosesten immer etwas von dieser Wirkung äußern, weil schon die allen Menschen gemeine Anlage zum Sittlichen dazu hinreichend ist, und wir alle ohne Unterschied bei noch so großer Entfernung unserer Taten von der Einfalt und Wahrheit der Natur in der Idee dazu hingetrieben werden. Besonders stark und am allgemeinsten äußert sich diese Empfindsamkeit für Natur auf Veranlassung solcher Gegenstände, welche in einer engern Verbindung mit uns stehen und uns den Rückblick auf uns selbst und die U n n a t u r in uns näher legen, wie z. B. bei Kindern und kindlichen Völkern. Man irrt, wenn man glaubt, daß es bloß die Vorstellung der Hülflosigkeit sei, welche macht, daß wir in gewissen Augenblicken mit so viel Rührung bei Kindern verweilen. Das mag bei denjenigen vielleicht der Fall sein, welche der Schwäche gegenüber nie etwas anderes als ihre eigene Überlegenheit zu empfinden pflegen. Aber das Gefühl, von dem ich rede (es findet nur in ganz eigenen moralischen Stimmungen statt und ist nicht mit demjenigen zu verwechseln, welches die fröhliche Tätigkeit der Kinder in uns erregt), ist eher demütigend als begünstigend für die Eigenliebe; und wenn ja ein Vorzug dabei in Betrachtung kommt, so ist dieser wenigstens nicht auf unserer Seite. Nicht weil wir von der Höhe unserer Kraft und Vollkommenheit auf das Kind herabsehen, sondern weil wir aus der B e s c h r ä n k t h e i t unsers Zustands, welche von der B e s t i m m u n g , die wir einmal erlangt haben, unzertrennlich ist, zu der grenzenlosen B e - s t i m m b a r k e i t in dem Kinde und zu seiner reinen Unschuld h i n a u f s e h e n , geraten wir in Rührung, und unser Gefühl in einem solchen Augenblick ist zu sichtbar mit einer gewissen Wehmut gemischt, als daß sich diese Quelle desselben verkennen ließe. In dem Kinde ist die A n l a g e und B e - s t i m m u n g , in uns ist die E r f ü l l u n g dargestellt, welche immer unendlich weit hinter jener zurückbleibt. Das Kind ist uns daher eine Vergegenwärtigung des Ideals, nicht zwar des erfüllten, aber des aufgegebenen, und es ist also keineswegs die Vorstellung seiner Bedürftigkeit und Schranken, es ist ganz im Gegenteil die Vorstellung seiner reinen und freien Kraft, seiner Integrität *(Un-*

versehrtheit), seiner Unendlichkeit, was uns rührt. Dem Menschen von Sittlichkeit und Empfindung wird ein Kind deswegen ein h e i l i g e r Gegenstand sein, ein Gegenstand nämlich, der durch die Größe einer Idee jede Größe der Erfahrung vernichtet, und der, was er auch in der Beurteilung des Verstandes verlieren mag, in der Beurteilung der Vernunft wieder in reichem Maße gewinnt.

Eben aus diesem Widerspruch zwischen dem Urteile der Vernunft und des Verstandes geht die ganz eigene Erscheinung des gemischten Gefühls hervor, welches das N a i v e der Denkart in uns erreget. Es verbindet die k i n d l i c h e Einfalt mit der k i n-d i s c h e n ; durch die letztere gibt es dem Verstand eine Blöße und bewirkt jenes Lächeln, wodurch wir unsre (t h e o r e t i s c h e) Überlegenheit zu erkennen geben. Sobald wir aber Ursache haben zu glauben, daß die kindische Einfalt zugleich eine kindliche sei, daß folglich nicht Unverstand, nicht Unvermögen, sondern eine höhere (p r a k t i s c h e) Stärke, ein Herz voll Unschuld und Wahrheit die Quelle davon sei, welches die Hilfe der Kunst aus innrer Größe verschmähte, so ist jener Triumph des Verstandes vorbei, und der Spott über die Einfältigkeit geht in Bewunderung der Einfachheit über. Wir fühlen uns genötigt, den Gegenstand zu achten, über den wir vorher gelächelt haben, und, indem wir zugleich einen Blick in uns selbst werfen, uns zu beklagen, daß wir demselben nicht ähnlich sind. So entsteht die ganz eigene Erscheinung eines Gefühls, in welchem fröhlicher Spott, Ehrfurcht und Wehmut zusammenfließen.[3] Zum Naiven wird erfor-

---

[3] K a n t in einer Anmerkung zu der Analytik (*Begriffszergliederung*) des Erhabenen (Kritik der ästhetischen Urteilskraft, S. 225 der ersten Auflage) unterschei-

det gleichfalls diese dreierlei Ingredienzien *(Bestandteile)* in dem Gefühl des Naiven, aber er gibt davon eine andre Erklärung. „Etwas aus beiden (dem animalischen Gefühl des Vergnügens und dem geistigen Gefühl der Achtung) Zusammengesetztes findet sich in der Naivität, die der Ausbruch der der Menschheit ursprünglich natürlichen Aufrichtigkeit wider die zur andern Natur gewordene Verstellungskunst ist. Man lacht über die Einfalt, die es noch nicht versteht, sich zu verstellen, und erfreut sich doch auch über die Einfalt der Natur, die jener Kunst hier einen Querstrich spielt. Man erwartete die alltägliche Sitte der gekünstelten und auf den schönen Schein vorsichtig angelegten Äußerung, und siehe, es ist die unverdorbene schuldlose Natur, die man anzutreffen gar nicht gewärtig und der, so sie blicken ließ, zu entblößen auch nicht gemeinet war. Daß der schöne, aber falsche Schein, der gewöhnlich in unserm Urteile sehr viel bedeutet, hier plötzlich in nichts verwandelt, daß gleichsam der Schalk in uns bloßgestellt wird, bringt die Bewegung des Gemüts nach zwei entgegengesetzten Richtungen nacheinander hervor, die zugleich den Körper heilsam schüttelt. Daß aber etwas, was unendlich besser als alle angenommene Sitte ist, die Lauterkeit der Denkungsart (wenigstens die Anlage dazu) doch nicht ganz in der menschlichen Natur erloschen ist, mischt Ernst und Hochschätzung in dieses Spiel der Urteilskraft. Weil es aber nur eine kurze Erscheinung ist und die Decke der Verstellungskunst bald wieder vorgezogen wird, so mengt sich zugleich ein Bedauern darunter, welches eine Rührung der Zärtlichkeit ist, die sich im Spiel mit einem solchen gutherzigen Lachen sehr wohl verbinden läßt und auch wirklich damit gewöhnlich verbindet, zugleich auch die Verlegenheit dessen, der den Stoff dazu hergibt, darüber, daß er noch nicht nach Menschenweise gewitzigt ist, zu vergüten pflegt." — Ich gestehe, daß diese Erklärungsart mich nicht ganz befriedigt und zwar vorzüglich deswegen nicht, weil sie von dem Naiven überhaupt etwas behauptet, was höchstens von einer Species *(besonderen Art, Gattung)* desselben, dem Naiven der Überraschung, von welchem ich nachher reden werde, wahr ist. Aller-

dert, daß die Natur über die Kunst den Sieg davon-
trage, [4] es geschehe dies nun wider Wissen und Willen der Person oder mit völligem Bewußtsein derselben. In dem ersten Fall ist es das Naive der
Ü b e r r a s c h u n g und belustigt; in dem andern
ist es das Naive der G e s i n n u n g und rührt.

Bei dem Naiven der Überraschung muß die Per-
son m o r a l i s c h fähig sein, die Natur zu verleugnen;
bei dem Naiven der Gesinnung darf sie es nicht
sein, doch dürfen wir sie uns nicht als p h y s i s c h
unfähig dazu denken, wenn es als naiv auf uns

---

dings erregt es L a c h e n , wenn sich jemand durch
Naivität b l o ß g i b t , und in manchen Fällen mag
dieses Lachen aus einer vorhergegangenen Erwartung, die
in nichts aufgelöst wird, fließen. Aber auch das Naive
der edelsten Art, das Naive der Gesinnung, erregt immer
ein L ä c h e l n , welches doch schwerlich eine in nichts
aufgelöste Erwartung zum Grunde hat, sondern überhaupt nur aus dem Kontrast eines gewissen Betragens
mit den einmal angenommenen und erwarteten Formen
zu erklären ist. Auch zweifle ich, ob die Bedauernis,
welche sich bei dem Naiven der letztern Art in unsre
Empfindung mischt, der naiven Person und nicht vielmehr uns selbst oder vielmehr der Menschheit überhaupt
gilt, an deren Verfall wir bei einem solchen Anlaß erinnert werden. Es ist zu offenbar eine moralische Trauer,
die einen edlern Gegenstand haben muß als die physischen Übel, von denen die Aufrichtigkeit in dem gewöhnlichen Weltlauf bedrohet wird, und dieser Gegenstand
kann nicht wohl ein anderer sein als der Verlust der
Wahrheit und Simplizität *(Einfachheit)* in der Menschheit.
[4] Ich sollte vielleicht ganz kurz sagen: D i e W a h r -
h e i t ü b e r d i e V e r s t e l l u n g ; aber der Begriff
des Naiven scheint mir noch etwas mehr einzuschließen,
indem die Einfachheit überhaupt, welche über die Künstelei, und die natürliche Freiheit, welche über Steifheit
und Zwang siegt, ein ähnliches Gefühl in uns erregen.

wirken soll. Die Handlungen und Reden der Kinder geben uns daher auch nur so lange den reinen Eindruck des Naiven, als wir uns ihres Unvermögens zur Kunst nicht erinnern und überhaupt nur auf den Kontrast ihrer Natürlichkeit mit der Künstlichkeit in uns Rücksicht nehmen. Das Naive ist eine K i n d l i c h k e i t, w o s i e n i c h t m e h r e r - w a r t e t w i r d, und kann eben deswegen der wirklichen Kindheit in strengster Bedeutung nicht zugeschrieben werden.

In beiden Fällen aber, beim Naiven der Überraschung wie bei dem der Gesinnung, muß die Natur Recht, die Kunst aber Unrecht haben.

Erst durch diese letztere Bestimmung wird der Begriff des Naiven vollendet. Der Affekt *(Gemütsbewegung, Erregung)* ist auch Natur, und die Regel der Anständigkeit ist etwas Künstliches; dennoch ist der Sieg des Affekts über die Anständigkeit nichts weniger als naiv. Siegt hingegen derselbe Affekt über die Künstelei, über die falsche Anständigkeit, über die Verstellung, so tragen wir kein Bedenken, es naiv zu nennen. [5] Es wird also erfordert, daß die

---

[5] Ein Kind ist ungezogen, wenn es aus Begierde, Leichtsinn, Ungestüm den Vorschriften einer guten Erziehung entgegenhandelt; aber es ist naiv, wenn es sich von dem Manierierten einer unvernünftigen Erziehung, von den steifen Stellungen des Tanzmeisters u. dergl. aus freier und gesunder Natur dispensiert. Dasselbe findet auch bei dem Naiven in ganz uneigentlicher Bedeutung statt, welches durch Übertragung von dem Menschen auf das Vernunftlose entstehet. Niemand wird den Anblick naiv finden, wenn in einem Garten, der schlecht gewartet wird, das Unkraut überhand nimmt; aber es hat allerdings etwas Naives, wenn der freie Wuchs hervorstrebender Äste das mühselige Werk der Schere in einem französischen Garten vernichtet. So ist es ganz und gar nicht naiv, wenn ein geschultes Pferd aus natürlicher

Natur nicht durch ihre blinde Gewalt als d y n a - m i s c h e *(triebkräftige),* sondern daß sie durch ihre Form als m o r a l i s c h e Größe, kurz, daß sie nicht als N o t d u r f t, sondern als i n n e r e N o t w e n d i g k e i t über die Kunst triumphiere. Nicht die U n z u l ä n g l i c h k e i t, sondern die U n s t a t t h a f t i g k e i t der letztern muß der erstern den Sieg verschafft haben, denn jene ist Mangel, und nichts, was aus Mangel entspringt, kann Achtung erzeugen. Zwar ist es bei dem Naiven der Überraschung immer die Übermacht des Affekts und ein M a n g e l an Besinnung, was die Natur bekennen macht; aber dieser Mangel und jene Übermacht machen das Naive noch gar nicht aus, sondern geben bloß Gelegenheit, daß die Natur i h r e r m o r a l i s c h e n B e s c h a f f e n h e i t, d. h. dem Gesetze d e r Ü b e r e i n s t i m m u n g u n g e h i n d e r t f o l g t.

Das Naive der Überraschung kann nur dem Menschen und zwar dem Menschen nur, insofern er in diesem Augenblicke nicht mehr reine und unschuldige Natur ist, zukommen. Es setzt einen Willen voraus, der mit dem, was die Natur auf ihre eigene Hand tut, nicht übereinstimmt. Eine solche Person wird, wenn man sie zur Besinnung bringt, über sich selbst erschrecken; die naiv g e s i n n t e hingegen wird sich über die Menschen und über ihr Erstaunen verwundern. Da also hier nicht der persönliche und moralische Charakter, sondern bloß der durch den Affekt freigelassene natürliche Charakter die Wahrheit bekennt, so machen wir dem Menschen aus dieser Aufrichtigkeit kein Verdienst, und unser

---

Plumpheit seine Lektion schlecht macht; aber es hat etwas vom Naiven, wenn es dieselbe aus natürlicher Freiheit vergißt.

Lachen ist verdienter Spott, der durch keine persönliche Hochschätzung desselben zurückgehalten wird. Weil es aber doch auch hier die Aufrichtigkeit der Natur ist, die durch den Schleier der Falschheit hindurchbricht, so verbindet sich eine Zufriedenheit höherer Art mit der Schadenfreude, einen Menschen ertappt zu haben; denn die Natur im Gegensatz gegen die Künstelei und die Wahrheit im Gegensatz gegen den Betrug muß jederzeit Achtung erregen. Wir empfinden also auch über das Naive der Überraschung ein wirklich moralisches Vergnügen, obgleich nicht über einen moralischen Charakter.[6]

Bei dem Naiven der Überraschung achten wir zwar immer die N a t u r , weil wir die Wahrheit achten müssen; bei dem Naiven der Gesinnung achten wir hingegen die P e r s o n und genießen also nicht bloß ein moralisches Vergnügen, sondern auch über einen moralischen Gegenstand. In dem einen wie in dem andern Falle hat die Natur R e c h t , daß sie die Wahrheit sagt; aber in dem letztern Falle hat die Natur nicht bloß Recht, sondern die

Da das Naive bloß auf der Form beruht, wie etwas getan oder gesagt wird, so verschwindet uns diese Eigenschaft aus den Augen, sobald die Sache selbst entweder durch ihre Ursachen oder durch ihre Folgen einen überwiegenden oder gar widersprechenden Eindruck macht. Durch eine Naivität dieser Art kann auch ein Verbrechen entdeckt werden; aber dann haben wir weder die Ruhe noch die Zeit, unsre Aufmerksamkeit auf die Form der Entdeckung zu richten, und der Abscheu über den persönlichen Charakter verschlingt das Wohlgefallen an dem natürlichen. So wie uns das empörte Gefühl die moralische Freude an der Aufrichtigkeit der Natur raubt, sobald wir durch eine Naivität ein Verbrechen erfahren, ebenso erstickt das erregte Mitleiden unsere Schadenfreude, sobald wir jemand durch seine Naivität in Gefahr gesetzt sehen.

13

Person hat auch E h r e. In dem ersten Falle gereicht die Aufrichtigkeit der Natur der Person immer zur Schande, weil sie unfreiwillig ist; in dem zweiten gereicht sie ihr immer zum Verdienst, gesetzt auch, daß dasjenige, was sie aussagt, ihr Schande brächte.

Wir schreiben einem Menschen eine naive Gesinnung zu, wenn er in seinen Urteilen von den Dingen ihre gekünstelten und gesuchten Verhältnisse übersieht und sich bloß an die einfache Natur hält. Alles, was innerhalb der gesunden Natur davon geurteilt werden kann, fordern wir von ihm und erlassen ihm schlechterdings nur das, was eine Entfernung von der Natur, es sei nun im Denken oder im Empfinden, wenigstens Bekanntschaft derselben voraussetzt.

Wenn ein Vater seinem Kinde erzählt, daß dieser oder jener Mann vor Armut verschmachte, und das Kind hingeht und dem armen Mann seines Vaters Geldbörse zuträgt, so ist die Handlung naiv; denn die gesunde Natur handelte aus dem Kinde, und in einer Welt, wo die gesunde Natur herrschte, würde es vollkommen Recht gehabt haben, so zu verfahren. Es sieht bloß auf das Bedürfnis und auf das nächste Mittel, es zu befriedigen; eine solche Ausdehnung des Eigentumsrechtes, wobei ein Teil der Menschen zu Grunde gehen kann, ist in der bloßen Natur nicht gegründet. Die Handlung des Kindes ist also eine Beschämung der wirklichen Welt, und das gesteht auch unser Herz durch das Wohlgefallen, welches es über jene Handlung empfindet.

Wenn ein Mensch ohne Weltkenntnis, sonst aber von gutem Verstande, einem andern, der ihn betrügt, sich aber geschickt zu verstellen weiß, seine Geheimnisse beichtet und ihm durch seine Aufrichtigkeit selbst die Mittel leiht, ihm zu schaden, so finden wir das naiv. Wir lachen ihn aus, aber können uns doch nicht erwehren, ihn deswegen hochzuschätzen. Denn sein Vertrauen auf den andern quillt aus der Redlichkeit seiner eigenen Gesinnungen; wenigstens ist er nur insofern naiv, als dieses der Fall ist.

Das Naive der Denkart kann daher niemals eine Eigenschaft verdorbener Menschen sein, sondern nur Kindern und kindlich gesinnten Menschen zukommen. Diese letztern handeln und denken oft mitten unter den gekünstelten Verhältnissen der großen Welt naiv; sie vergessen aus eigener schöner Menschlichkeit, daß sie es mit einer verderbten Welt zu tun haben, und betragen sich selbst an den Höfen der Könige mit einer Ingenuität *(Freimut)* und Unschuld, wie man sie nur in einer Schäferwelt findet.

Es ist übrigens gar nicht so leicht, die kindische Unschuld von der kindlichen immer richtig zu unterscheiden, indem es Handlungen gibt, welche auf der äußersten Grenze zwischen beiden schweben und bei denen wir schlechterdings im Zweifel gelassen werden, ob wir die Einfältigkeit belachen oder die edle Einfalt hochschätzen sollen. Ein sehr merkwürdiges Beispiel dieser Art findet man in der Regierungsgeschichte des Papstes Adrian VI., die uns Herr Schröckh mit der ihm eigenen Gründlichkeit und pragmatischen *(sachkundigen)* Wahrheit beschrieben hat. Dieser Papst, ein Niederländer von Geburt, verwaltete das Pontifikat in einem der kritischsten Augenblicke für die Hierarchie, wo eine erbitterte Partei die Blößen der römischen Kirche ohne alle Schonung aufdeckte und die Gegenpartei im höchsten Grade interessiert war, sie zuzudecken. Was der wahrhaft naive Charakter, wenn ja ein solcher sich auf den Stuhl des heiligen Peters verirrte, in diesem Falle zu tun hätte, ist keine Frage; wohl aber, wie weit eine solche Naivität der Gesinnung mit der Rolle eines Papstes verträglich sein möchte. Dies war es übrigens, was die Vorgänger und die Nachfolger Adrians in die geringste Verlegenheit setzte. Mit Gleichförmigkeit befolgten sie das einmal angenommene römische System, überall nichts einzuräumen. Aber Adrian hatte wirklich den geraden Charakter seiner Nation und die Unschuld seines ehemaligen Standes. Aus der engen Sphäre des Gelehrten war er zu seinem erhabenen Posten emporgestiegen und selbst auf der Höhe seiner neuen Würde jenem einfachen Charakter nicht untreu geworden. Die Mißbräuche in der Kirche rührten ihn, und er war viel zu redlich, öffentlich zu dissimulieren *(verhehlen)*, was er im stillen sich eingestand. Dieser Denkart gemäß ließ er sich in der I n s t r u k - t i o n , die er seinem Legaten nach Deutschland mitgab, zu Geständnissen verleiten, die noch bei keinem Papste erhört gewesen waren und den Grundsätzen dieses Hofes schnurgerade zuwiderliefen. „Wir wissen es wohl", hieß es unter andern, „daß an diesem heiligen Stuhl schon seit mehrern Jahren viel Abscheuliches vorgegangen: kein Wunder, wenn sich der kranke Zustand von dem Haupt auf die Glieder, von dem Papst auf die Prälaten fortgeerbt hat. Wir alle sind abgewichen, und schon seit lange ist keiner unter uns gewesen, der etwas Gutes getan hätte, auch nicht einer." Wieder anderswo befiehlt er dem Legaten, in seinem Namen zu erklären, daß er, Adrian, wegen dessen, was vor ihm von den Päpsten geschehen, nicht dürfe getadelt werden, und daß dergleichen Ausschweifungen, auch da er noch in einem geringen Stande gelebt, ihm immer mißfallen hätten u. s. f. Man kann leicht denken, wie eine solche Naivität des Papstes von der römischen

Klerisei mag aufgenommen worden sein; das wenigste, was man ihm schuld gab, war, daß er die Kirche an die Ketzer verraten habe. Dieser höchst unkluge Schritt des Papstes würde indessen unserer ganzen Achtung und Bewunderung wert sein, wenn wir uns nur überzeugen könnten, daß er wirklich naiv gewesen, d. h., daß er ihm bloß durch die natürliche Wahrheit seines Charakters ohne alle Rücksicht auf die möglichen Folgen abgenötigt worden sei und daß er ihn nicht weniger getan haben würde, wenn er die begangene Unschicklichkeit in ihrem ganzen Umfang eingesehen hätte. Aber wir haben einige Ursache zu glauben, daß er diesen Schritt für gar nicht so unpolitisch hielt und in seiner Unschuld so weit ging, zu hoffen, durch seine Nachgiebigkeit gegen die Gegner etwas sehr Wichtiges für den Vorteil seiner Kirche gewonnen zu haben. Er bildete sich nicht bloß ein, diesen Schritt als redlicher Mann tun zu müssen, sondern ihn auch als Papst verantworten zu können, und indem er vergaß, daß das künstlichste aller Gebäude schlechterdings nur durch eine fortgesetzte Verleugnung der Wahrheit erhalten werden könnte, beging er den unverzeihlichen Fehler, Verhaltungsregeln, die in natürlichen Verhältnissen sich bewährt haben mochten, in einer ganz entgegengesetzten Lage zu befolgen. Dies verändert allerdings unser Urteil sehr; und ob wir gleich der Redlichkeit des Herzens, aus dem jene Handlung floß, unsere Achtung nicht versagen können, so wird diese letztere nicht wenig durch die Betrachtung geschwächt, daß die Natur an der Kunst und das Herz an dem Kopf einen zu schwachen Gegner gehabt habe.

Naiv muß jedes wahre Genie sein, oder es ist keines. Seine Naivität allein macht es zum Genie, und was es im Intellektuellen und Ästhetischen ist,

17

kann es im Moralischen nicht verleugnen. Unbekannt mit den Regeln, den Krücken der Schwachheit und den Zuchtmeistern der Verkehrtheit, bloß von der Natur oder dem Instinkt, seinem schützenden Engel, geleitet, geht es ruhig und sicher durch alle Schlingen des falschen Geschmackes, in welchen, wenn es nicht so klug ist, sie schon von weitem zu vermeiden, das Nichtgenie unausbleiblich verstrickt wird. Nur dem Genie ist es gegeben, außerhalb des Bekannten noch immer zu Hause zu sein und die Natur zu e r w e i t e r n, ohne über sie h i n a u s - z u g e h e n. Zwar begegnet letzteres zuweilen auch den größten Genies, aber nur, weil auch diese ihre phantastischen Augenblicke haben, wo die schützende Natur sie verläßt, weil die Macht des Beispiels sie hinreißt oder der verderbte Geschmack ihrer Zeit sie verleitet.

Die verwickeltsten Aufgaben muß das Genie mit anspruchsloser Simplizität *(Einfalt)* und Leichtigkeit lösen; das Ei des Kolumbus gilt von jeder genialischen Entscheidung. Dadurch allein legitimiert es sich als Genie, daß es durch Einfalt über die verwickelte Kunst triumphiert. Es verfährt nicht nach erkannten Prinzipien, sondern nach Einfällen und Gefühlen; aber seine Einfälle sind Eingebungen eines Gottes (alles, was die gesunde Natur tut, ist göttlich), seine Gefühle sind Gesetze für alle Zeiten und für alle Geschlechter der Menschen.

Den kindlichen Charakter, den das Genie in seinen Werken abdrückt, zeigt es auch in seinem Privatleben und in seinen Sitten. Es ist s c h a m h a f t, weil die Natur dieses immer ist; aber es ist nicht d e z e n t, weil nur die Verderbnis dezent ist. Es ist v e r s t ä n d i g, denn die Natur kann nie das Gegenteil sein; aber es ist nicht l i s t i g, denn das kann nur die Kunst sein. Es ist seinem Charakter und seinen Neigungen t r e u , aber nicht sowohl, weil es Grundsätze hat, als weil die Natur bei allem Schwanken immer wieder in die vorige Stelle rückt, immer das alte Bedürfnis zurückbringt. Es ist b e - s c h e i d e n , ja blöde, weil das Genie immer sich selbst ein Geheimnis bleibt; aber es ist nicht ängstlich, weil es die Gefahren des Weges nicht kennt, den es wandelt. Wir wissen wenig von dem Privatleben der größten Genies, aber auch das Wenige, was uns z. B. von S o p h o k l e s , von A r c h i - m e d , von H i p p o k r a t e s und aus neueren Zeiten von A r i o s t , D a n t e und T a s s o , von R a p h a e l , von A l b r e c h t D ü r e r , C e r - v a n t e s , S h a k e s p e a r e , von F i e l d i n g , S t e r n e u. a. aufbewahrt worden ist, bestätigt diese Behauptung.

Ja, was noch weit mehr Schwierigkeit zu haben scheint, selbst der große Staatsmann und Feldherr werden, sobald sie durch ihr Genie groß sind, einen naiven Charakter zeigen. Ich will hier unter den Alten nur an E p a m i n o n d a s und J u l i u s C ä s a r , unter den Neuern nur an H e i n r i c h IV. von Frankreich, G u s t a v A d o l f von Schweden und den Zar P e t e r d e n G r o ß e n erinnern. Der Herzog von M a r l b o r o u g h , T u r e n n e , V e n d o m e zeigen uns alle diesen Charakter. Dem andern Geschlecht hat die Natur in dem naiven Charakter seine höchste Vollkommenheit angewiesen. Nach nichts ringt die weibliche Gefallsucht so sehr als nach dem S c h e i n d e s N a i v e n , Beweis genug, wenn man auch sonst keinen hätte, daß die größte Macht des Geschlechts auf dieser Eigenschaft beruhet. Weil aber die herrschenden Grundsätze bei der weiblichen Erziehung mit diesem Charakter in ewigem Streit liegen, so ist es dem Weibe im Moralischen ebenso schwer als dem Mann im Intellektuellen mit den Vorteilen der guten Erziehung jenes herrliche Geschenk der Natur unverloren zu behalten, und die F r a u , die mit einem geschickten Betragen für die große Welt dieses Naive der Sitten verknüpft, ist ebenso hochachtungswürdig als der Gelehrte, der mit der ganzen Strenge der Schule genialische Freiheit des Denkens verbindet.

Aus der naiven Denkart fließt notwendigerweise auch ein naiver Ausdruck sowohl in Worten als Bewegungen, und er ist das wichtigste Bestandstück der Grazie. Mit dieser naiven Anmut drückt das Genie seine erhabensten und tiefsten Gedanken aus; es sind Göttersprüche aus dem Mund eines Kindes. Wenn der Schulverstand, immer vor Irrtum bange, seine Worte wie seine Begriffe an das Kreuz der Grammatik und Logik schlägt, hart und steif ist, um ja nicht unbestimmt zu sein, viele Worte macht, um ja nicht zu viel zu sagen, und dem Gedanken, damit er ja den Unvorsichtigen nicht schneide, lieber die Kraft und die Schärfe nimmt, so gibt das Genie dem seinigen mit einem einzigen glücklichen Pinselstrich einen ewig bestimmten, festen und dennoch ganz freien Umriß. Wenn dort das Zeichen dem Bezeichneten ewig heterogen *(ungleichartig)* und fremd bleibt, so springt hier wie durch innere Notwendigkeit die Sprache aus dem Gedanken hervor und ist so sehr eins mit demselben, daß selbst unter der körperlichen Hülle der Geist wie entblößet erscheint. Eine solche Art des Ausdrucks, wo das Zeichen ganz in dem Bezeichneten verschwindet und wo die Sprache den Gedanken, den sie ausdrückt, noch gleichsam nackend läßt, da ihn die andre nie darstellen kann, ohne ihn zugleich zu verhüllen, ist es, was man in der Schreibart vorzugsweise genialisch und geistreich nennt.

Frei und natürlich wie das Genie in seinen Geisteswerken drückt sich die Unschuld des Herzens im lebendigen Umgang aus. Bekanntlich ist man im gesellschaftlichen Leben von der Simplizität *(Einfachheit)* und strengen Wahrheit des Ausdrucks in demselben Verhältnis wie von der Einfalt der Gesinnungen abgekommen, und die leicht zu verwundende Schuld, so wie die leicht zu verführende Einbildungskraft haben einen ängstlichen Anstand notwendig gemacht. Ohne falsch zu sein, redet man öfters anders, als man denkt; man muß Umschweife nehmen, um Dinge zu sagen, die nur einer kranken Eigenliebe Schmerz bereiten, nur einer verderbten Phantasie Gefahr bringen können. Eine Unkunde dieser konventionellen Gesetze, verbunden mit natürlicher Aufrichtigkeit, welche jede Krümme und jeden Schein von Falschheit verachtet (nicht Roheit, welche sich darüber, weil sie ihr lästig sind, hinwegsetzt), erzeugen ein Naives des Ausdrucks im Umgang, welches darin besteht, Dinge, die man entweder gar nicht oder nur künstlich bezeichnen darf, mit ihrem rechten Namen und auf dem kürzesten Wege zu benennen. Von der Art sind die gewöhnlichen Ausdrücke der Kinder. Sie erregen Lachen durch ihren Kontrast mit den Sitten, doch wird man sich immer im Herzen gestehen, daß das Kind Recht habe.

Das Naive der Gesinnung kann zwar, eigentlich genommen, auch nur dem Menschen als einem der Natur nicht schlechterdings unterworfenen Wesen beigelegt werden, obgleich nur insofern als wirklich noch die reine Natur aus ihm handelt; aber durch einen Effekt der poetisierenden Einbildungskraft wird es öfters von dem Vernünftigen auf das Vernunftlose übergetragen. So legen wir öfters einem Tiere, einer Landschaft, einem Gebäude, ja der Natur überhaupt im Gegensatz gegen die Willkür und die phantastischen Begriffe des Menschen einen naiven Charakter bei. Dies erfordert aber immer, daß wir dem Willenlosen in unsern Gedanken einen Willen leihen und auf die strenge Richtung desselben nach dem Gesetz der Notwendigkeit merken. Die Unzufriedenheit über unsere eigene schlecht gebrauchte moralische Freiheit und über die in unserm Handeln vermißte sittliche Harmonie führt leicht eine solche Stimmung herbei, in der wir das Vernunftlose wie eine Person anreden und demselben, als wenn es wirklich mit einer Versuchung zum Gegenteil zu kämpfen gehabt hätte, seine ewige Gleichförmigkeit zum Verdienst machen, seine ruhige Haltung beneiden. Es steht uns in einem solchen Augenblick wohl an, daß wir das Prärogativ *(Vorrecht)* unserer Vernunft für einen Fluch und für ein Übel halten und über dem lebhaften Gefühl der Unvollkommenheit unseres wirklichen Leistens die Gerechtigkeit gegen unsre Anlage und Bestimmung aus den Augen setzen.

Wir sehen alsdann in der unvernünftigen Natur nur eine glücklichere Schwester, die in dem mütterlichen Hause zurückblieb, aus welchem wir im Übermut unserer Freiheit heraus in die Fremde stürmten. Mit schmerzlichem Verlangen sehnen wir uns dahin zurück, sobald wir angefangen, die Drangsale der Kultur zu erfahren, und hören im fernen Auslande der Kunst der Mutter rührende Stimme. So lange wir bloße Naturkinder waren, waren wir glücklich und vollkommen; wir sind frei geworden und haben beides verloren. Daraus entspringt eine doppelte und sehr ungleiche Sehnsucht nach der Natur, eine Sehnsucht nach ihrer G l ü c k s e l i g k e i t, eine Sehnsucht nach ihrer V o l l k o m m e n h e i t. Den Verlust der ersten beklagt

22

nur der sinnliche Mensch; um den Verlust der andern kann nur der moralische trauern.

Frage dich also wohl, empfindsamer Freund der Natur, ob deine Trägheit nach ihrer Ruhe, ob deine beleidigte Sittlichkeit nach ihrer Übereinstimmung schmachtet? Frage dich wohl, wenn die Kunst dich anekelt und die Mißbräuche in der Gesellschaft dich zu der leblosen Natur in die Einsamkeit treiben, ob es ihre Beraubungen, ihre Lasten, ihre Mühseligkeiten, oder ob es ihre moralische Anarchie, ihre Willkür, ihre Unordnungen sind, die du an ihr verabscheust. In jene muß dein Mut sich mit Freuden stürzen, und dein Ersatz muß die Freiheit selbst sein, aus der sie fließen. Wohl darfst du dir das ruhige Naturglück zum Ziel in der Ferne aufstecken, aber nur jenes, welches der Preis deiner Würdigkeit ist. Also nichts von Klagen über die Erschwerung des Lebens, über die Ungleichheit der Konditionen *(Bedingung)*, über den Druck der Verhältnisse, über die Unsicherheit des Besitzes, über Undank, Unterdrückung, Verfolgung; allen Ü b e l n der Kultur mußt du mit freier Resignation dich unterwerfen, mußt sie als die Naturbedingungen des einzig Guten respektieren; nur das B ö s e derselben mußt du, aber nicht bloß mit schlaffen Tränen, beklagen. Sorge vielmehr dafür, daß du selbst unter jenen Befleckungen rein, unter jener Knechtschaft frei, unter jenem launischen Wechsel beständig, unter jener Anarchie gesetzmäßig handelst. Fürchte dich nicht vor der Verwirrung außer dir, aber vor der Verwirrung in dir; strebe nach Einheit, aber suche sie nicht in der Einförmigkeit; strebe nach Ruhe, aber durch das Gleichgewicht, nicht durch den Stillstand deiner Tätigkeit. Jene Natur, die du dem Vernunftlosen beneidest, ist keiner Achtung, keiner Sehnsucht wert. Sie liegt hinter dir, sie muß ewig hinter dir liegen. Verlassen von der Leiter, die dich trug, bleibt dir jetzt keine andere Wahl mehr, als mit freiem Bewußtsein und Willen das Gesetz zu ergreifen oder rettungslos in eine bodenlose Tiefe zu fallen.

Aber wenn du über das verlorene G l ü c k der Natur getröstet bist, so laß ihre V o l l k o m m e n - h e i t deinem Herzen zum Muster dienen. Trittst du heraus zu ihr aus deinem künstlichen Kreis, steht sie vor dir in ihrer großen Ruhe, in ihrer naiven Schönheit, in ihrer kindlichen Unschuld und Einfalt, dann verweile bei diesem Bilde, pflege dieses Gefühl; es ist deiner herrlichsten Menschheit würdig. Laß dir nicht mehr einfallen, mit ihr t a u - s c h e n zu wollen, aber nimm sie in dich auf und strebe, ihren unendlichen Vorzug mit deinem eige- nen unendlichen Prärogativ zu vermählen und aus beiden das Göttliche zu erzeugen. Sie umgebe dich wie eine liebliche I d y l l e , in der du dich selbst immer wieder findest aus den Verirrungen der Kunst, bei der du Mut und neues Vertrauen sam- melst zum Laufe und die Flamme des I d e a l s , die in den Stürmen des Lebens so leicht erlischt, in deinem Herzen von neuem entzündest.

Wenn man sich der schönen Natur erinnert, wel- che die alten Griechen umgab; wenn man nach- denkt, wie vertraut dieses Volk unter seinem glück- lichen Himmel mit der freien Natur leben konnte, wie sehr viel näher seine Vorstellungsart, seine Empfindungsweise, seine Sitten der einfältigen Natur lagen und welch ein treuer Abdruck dersel- ben seine Dichterwerke sind, so muß die Bemerkung befremden, daß man so wenige Spuren von dem s e n t i m e n t a l i s c h e n *(empfindsamen, nach- denklichen)* Interesse, mit welchem wir Neuere an Naturszenen und an Naturcharakteren hangen können, bei demselben antrifft. Der Grieche ist zwar im höchsten Grade genau, treu, umständlich in Beschreibung derselben, aber doch gerade nicht mehr und mit keinem vorzüglicheren Herzensanteil, als er es auch in Beschreibung eines Anzuges, eines Schildes, einer Rüstung, eines Hausgerätes oder irgend eines mechanischen Produktes ist. Er scheint in seiner Liebe für das Objekt keinen Unterschied zwischen demjenigen zu machen, was durch sich selbst, und dem, was durch die Kunst und durch den menschlichen Willen ist. Die Natur scheint mehr seinen Verstand und seine Wißbegierde als sein moralisches Gefühl zu interessieren; er hängt nicht mit Innigkeit, mit Empfindsamkeit, mit süßer Wehmut an derselben wie wir Neuern. Ja, indem er sie in ihren einzelnen Erscheinungen personifiziert und vergöttert und ihre Wirkungen als Handlungen freier Wesen darstellt, hebt er die ruhige Notwendigkeit in ihr auf, durch welche sie für uns gerade so anziehend ist. Seine ungeduldige Phantasie führt ihn über sie hinweg zum Drama des menschlichen Lebens. Nur das Lebendige und Freie, nur Charaktere, Handlungen, Schicksale und Sitten befriedigen ihn, und, wenn w i r in gewissen moralischen Stimmungen des Gemüts wünschen können, den Vorzug unserer Willensfreiheit, der uns so vielem Streit mit uns selbst, so vielen Unruhen und Verirrungen aussetzt, gegen die wahllose, aber ruhige Notwendigkeit des Vernunftlosen hinzugeben, so ist gerade umgekehrt die Phantasie des Griechen geschäftig, die menschliche Natur schon in der unbeseelten Welt anzufangen und da, wo eine blinde Notwendigkeit herrscht, dem Willen Einfluß zu geben.

Woher wohl dieser verschiedene Geist? Wie kommt es, daß wir, die in allem, was Natur ist, von den Alten so unendlich weit übertroffen werden, gerade hier der Natur in einem höheren Grade huldigen, mit Innigkeit an ihr hangen und selbst die leblose Welt mit der wärmsten Empfindung umfassen können? D a h e r kommt es, weil die Natur bei uns aus der Menschheit verschwunden ist und wir sie nur außerhalb dieser, in der unbeseelten Welt, in ihrer Wahrheit wieder antreffen. Nicht unsere größere N a t u r m ä ß i g k e i t, ganz im Gegenteil die N a t u r w i d r i g k e i t unsrer Verhältnisse, Zustände und Sitten treibt uns an, dem erwachenden Triebe nach Wahrheit und Simplizität, der wie die moralische Anlage, aus welcher er fließet, unbestechlich und unaustilgbar in allen menschlichen Herzen liegt, in der physischen Welt eine Befriedigung zu verschaffen, die in der moralischen nicht zu hoffen ist. Deswegen ist das Gefühl, womit wir an der Natur hangen, dem Gefühle so nahe verwandt, womit wir das entflohene Alter der Kindheit und der kindischen Unschuld beklagen. Unsre Kindheit ist die einzige unverstümmelte Natur, die wir in der kultivierten Menschheit noch antreffen, daher es kein Wunder ist, wenn uns jede Fußtapfe der Natur außer uns auf unsre Kindheit zurückführt.

Sehr viel anders war es mit den alten Griechen.[7] Bei diesen artete die Kultur nicht so weit aus, daß die Natur darüber verlassen wurde. Der ganze Bau

---

[7] Aber auch nur bei den Griechen: denn es gehörte gerade eine solche rege Bewegung und eine solche reiche Fülle des menschlichen Lebens dazu, als den Griechen umgab, um Leben auch in das Leblose zu legen und das Bild der Menschheit mit diesem Eifer zu verfolgen. O s s i a n s Menschenwelt z. B. war dürftig und einförmig; das Leblose um ihn her hingegen war groß, kolossalisch, mächtig, drang sich also auf und behauptete

ihres gesellschaftlichen Lebens war auf Empfindungen, nicht auf einem Machwerk der Kunst errichtet; ihre Götterlehre selbst war die Eingebung eines naiven Gefühls, die Geburt einer fröhlichen Einbildungskraft, nicht der grübelnden Vernunft wie der Kirchenglaube der neuern Nationen; da also der Grieche die Natur in der Menschheit nicht verloren hatte, so konnte er außerhalb dieser auch nicht von ihr überrascht werden und kein so dringendes Bedürfnis nach Gegenständen haben, in denen er sie wieder fand. Einig mit sich selbst und glücklich im Gefühl seiner Menschheit, mußte er bei dieser als seinem Maximum *(höchstem Begriff, Wert)* stille stehen und alles andre derselben zu nähern bemüht sein, wenn w i r, uneinig mit uns selbst und unglücklich in unsern Erfahrungen von Menschheit, kein dringenderes Interesse haben, als aus derselben herauszufliehen und eine so mißlungene Form aus unsern Augen zu rücken.

Das Gefühl, von dem hier die Rede ist, ist also nicht das, was die Alten hatten; es ist vielmehr einerlei mit demjenigen, welches wir f ü r d i e A l t e n h a b e n. Sie empfanden natürlich, wir empfinden das Natürliche. Es war ohne Zweifel ein

---

selbst über den Menschen seine Rechte. In den Gesängen dieses Dichters tritt daher die leblose Natur (im Gegensatz gegen den Menschen) noch weit mehr als Gegenstand der Empfindung hervor. Indessen klagt auch schon Ossian über einen Verfall der Menschheit, und so klein auch bei seinem Volke der Kreis der Kultur und ihrer Verderbnisse war, so war die Erfahrung davon doch gerade lebhaft und eindringlich genug, um den gefühlvollen moralischen Sänger zu dem Leblosen zurückzuscheuchen und über seine Gesänge jenen elegischen Ton auszugießen, der sie für uns so rührend und anziehend macht.

ganz anderes Gefühl, was Homers Seele füllte, als er seinen göttlichen Sauhirt den Ulysses bewirten ließ, als was die Seele des jungen Werthers bewegte, da er nach einer lästigen Gesellschaft diesen Gesang las. Unser Gefühl für Natur gleicht der Empfindung des Kranken für die Gesundheit.

So wie nach und nach die Natur anfing, aus dem menschlichen Leben als E r f a h r u n g und als das (handelnde und empfindende) S u b j e k t zu verschwinden, so sehen wir sie in der Dichterwelt als I d e e und als G e g e n s t a n d aufgehen. Diejenige Nation, welche es zugleich in der Unnatur und in der Reflexion darüber am weitesten gebracht hatte, mußte zuerst von dem Phänomen des N a i v e n am stärksten gerührt werden und demselben einen Namen geben. Diese Nation waren, soviel ich weiß, die F r a n z o s e n. Aber die Empfindung des Naiven und das Interesse an demselben ist natürlicherweise viel älter und datiert sich schon von dem Anfang der moralischen und ästhetischen Verderbnis. Diese Veränderung in der Empfindungsweise ist zum Beispiel schon äußerst auffallend im E u r i p i d e s, wenn man diesen mit seinen Vorgängern, besonders dem Äschylus vergleicht, und doch war jener Dichter der Günstling seiner Zeit. Die nämliche Revolution läßt sich auch unter den alten H i s t o r i k e r n nachweisen. H o r a z, der Dichter eines kultivierten und verdorbenen Weltalters, preist die ruhige Glückseligkeit in seinem Tibur *(Landsitz des Horaz),* und ihn könnte man als den wahren Stifter dieser sentimentalischen Dichtungsart nennen, so wie er auch in derselben ein noch nicht übertroffenes Muster ist. Auch im P r o p e r z, V i r g i l u. a. findet man Spuren dieser Empfindungsweise, weniger beim O v i d, dem es dazu an Fülle des Herzens fehlte und der in seinem Exil zu Tomi *(Verbannungsort des Ovid am Schwarzen Meer)* die Glückseligkeit schmerzlich vermißt, die Horaz in seinem Tibur so gern entbehrte.

Die Dichter sind überall schon ihrem Begriffe nach die B e w a h r e r der Natur. Wo sie dieses nicht ganz mehr sein können und schon in sich selbst den zerstörenden Einfluß willkürlicher und künstlicher Formen erfahren oder doch mit demselben zu kämpfen gehabt haben, da werden sie als die Z e u g e n und als die R ä c h e r der Natur auftreten. Sie werden also entweder Natur s e i n, oder sie werden die verlorene s u c h e n. Daraus entspringen zwei ganz verschiedene Dichtungsweisen, durch welche das ganze Gebiet der Poesie erschöpft und ausgemessen wird. Alle Dichter, die es wirklich sind, werden, je nachdem die Zeit beschaffen ist, in der sie blühen, oder zufällige Umstände auf ihre allgemeine Bildung und auf ihre vorübergehende Gemütsstimmung Einfluß haben, entweder zu den n a i v e n oder zu den s e n t i - m e n t a l i s c h e n gehören.

Die naiven Dichter

Der Dichter einer naiven und geistreichen Jugendwelt, so wie derjenige, der in den Zeitaltern künstlicher Kultur ihm am nächsten kommt, ist streng und spröde, wie die jungfräuliche Diana in ihren Wäldern; ohne alle Vertraulichkeit entflieht er dem Herzen, das ihn sucht, dem Verlangen, das ihn umfassen will. Die trockene Wahrheit, womit er den Gegenstand behandelt, erscheint nicht selten als Unempfindlichkeit. Das Objekt besitzt ihn gänzlich, sein Herz liegt nicht, wie ein schlechtes Metall, gleich unter der Oberfläche, sondern will, wie das Gold, in der Tiefe gesucht sein. Wie die Gottheit hinter dem Weltgebäude, so steht er hinter seinem Werk, e r ist das Werk, und das Werk ist e r; man muß des erstern schon nicht wert oder nicht mächtig oder schon satt sein, um nach ihm nur zu fragen.

So zeigt sich z. B. H o m e r unter den Alten und S h a k e s p e a r e unter den Neuern, zwei höchst verschiedene, durch den unermeßlichen Abstand der Zeitalter getrennte Naturen, aber gerade in diesem Charakterzuge völlig eins. Als ich in einem sehr frühen Alter den letzteren Dichter zuerst kennen lernte, empörte mich seine Kälte, seine Unempfindlichkeit, die ihm erlaubte, im höchsten Pathos zu scherzen, die herzzerschneidenden Auftritte im H a m l e t, im König L e a r, im M a c b e t h u. s. f. durch einen Narren zu stören, die ihn bald da festhielt, wo meine Empfindung forteilte, bald da kaltherzig fortriß, wo das Herz so gern still gestanden wäre. Durch die Bekanntschaft mit neuern Poeten verleitet, in dem Werke den Dichter zuerst aufzusuchen, s e i n e m Herzen zu begegnen, m i t i h m gemeinschaftlich über seinen Gegenstand zu reflektieren, kurz, das Objekt in dem Subjekt anzuschauen, war es mir unerträglich, daß der Poet sich hier gar nirgends fassen ließ und mir nirgends Rede stehen wollte. Mehrere Jahre hatte er schon meine ganze Verehrung und war mein Studium, ehe ich sein Individuum lieb gewinnen lernte. Ich war noch nicht fähig, die Natur aus der ersten Hand zu verstehen. Nur ihr durch den Verstand reflektiertes und durch die Regel zurecht gelegtes Bild konnte ich ertragen, und dazu waren die sentimentalischen Dichter der Franzosen und auch der Deutschen von den Jahren 1750 bis etwa 1780 gerade die rechten Subjekte. Übrigens schäme ich mich dieses Kinderurteils nicht, da die bejahrte Kritik ein ähnliches fällte und naiv genug war, es in die Welt hineinzuschreiben.

Dasselbe ist mir auch mit dem Homer begegnet, den ich in einer noch spätern Periode kennen lernte. Ich erinnere mich jetzt der merkwürdigen Stelle im sechsten Buch der Ilias, wo Glaukus und Diomed im Gefecht auf einander stoßen und, nachdem sie sich als Gastfreunde erkannt, einander Geschenke geben. Diesem rührenden Gemälde der Pietät, mit der die Gesetze des G a s t r e c h t s selbst im Kriege beobachtet wurden, kann eine Schilderung des r i t t e r l i c h e n E d e l m u t s im Ariost an die Seite gestellt werden, wo zwei Ritter und Nebenbuhler, F e r r a u und R i n a l d , dieser ein Christ, jener ein Sarazene, nach einem heftigen Kampf und mit Wunden bedeckt, Friede machen und, um die flüchtige Angelika einzuholen, das nämliche Pferd besteigen. Beide Beispiele, so verschieden sie übrigens sein mögen, kommen einander in der Wirkung auf unser Herz beinahe gleich, weil beide den schönen Sieg der Sitten über die Leidenschaft malen und uns durch Naivität der Gesinnungen rühren. Aber wie ganz verschieden nehmen sich die Dichter bei Beschreibung dieser ähnlichen Handlung! Ariost, der Bürger einer spätern und von der Einfalt der Sitten abgekommenen Welt, kann bei der Erzählung dieses Vorfalls seine eigene Verwunderung, seine Rührung nicht verbergen. Das Gefühl des Abstandes jener Sitten von denjenigen, die sein Zeitalter charakterisieren, überwältigt ihn. Er verläßt auf einmal das Gemälde des Gegenstandes und erscheint in eigener Person. Man kennt die schöne Stanze und hat sie immer vorzüglich bewundert:

„O Edelmut der alten Rittersitten!
D i e Nebenbuhler waren, die entzweit
Im Glauben waren, bittern Schmerz noch litten
Am ganzen Leib vom feindlich wilden Streit,
Frei von Verdacht und in Gemeinschaft ritten
Sie durch des krummen Pfades Dunkelheit.
Das Roß, getrieben von vier Sporen, eilte,
Bis wo der Weg sich in zwei Straßen teilte."[8]

Und nun der alte Homer! Kaum erfährt Diomed
aus Glaukus, seines Gegners, Erzählung, daß dieser
von Väterzeiten her ein Gastfreund seines Ge-
schlechts ist, so steckt er die Lanze in die Erde, redet
freundlich mit ihm und macht mit ihm aus, daß sie
einander im Gefechte künftig ausweichen wollen.
Doch man höre ihn Homer selbst:
„Also bin ich nunmehr dein Gastfreund mitten in Argos,
Du in Lykia mir, wenn jenes Land ich besuche. [tümmel.
Drum mit unseren Lanzen vermeiden wir uns im Ge-
Viel ja sind der Troer mir selbst und der rühmlichen
    Helfer,
Daß ich töte, wen Gott mir gewährt und die Schenkel
    erreichen;
Viel auch dir der Achaier, daß, welchen du kannst, du
    erlegest.
Aber die Rüstungen beide vertauschen wir, daß auch die
    andern
Schaun, wie wir Gäste zu sein aus Väterzeiten uns rühmen.
Also redeten jene, herab von den Wagen sich schwingend,
Faßten sie beide einander die Händ und gelobten sich
    Freundschaft."

Schwerlich dürfte ein m o d e r n e r Dichter (wenigstens schwerlich einer, der es in der moralischen
Bedeutung dieses Wortes ist) auch nur bis hieher
gewartet haben, um seine Freude an dieser Handlung zu bezeugen. Wir würden es ihm um so leichter
verzeihen, da auch unser Herz beim Lesen einen

---

[8] Der rasende Roland. Erster Gesang, Stanze 22.

Stillstand macht und sich von dem Objekte gern entfernt, um in sich selbst zu schauen. Aber von allem diesem keine Spur im Homer: als ob er etwas Alltägliches berichtet hätte, ja als ob er selbst kein Herz im Busen trüge, fährt er in seiner trockenen Wahrhaftigkeit fort:

„Doch den Glaukus erregte Zeus, daß er ohne Besinnung
Gegen den Held Diomedes die Rüstungen, goldne mit ehrnen,
Wechselte, hundert Farren wert, neun Farren die andern."[9]

Dichter von dieser naiven Gattung sind in einem künstlichen Weltalter nicht so recht mehr an ihrer Stelle. Auch sind sie in demselben kaum mehr möglich, wenigstens auf keine andere Weise möglich, als daß sie in ihrem Zeitalter w i l d l a u f e n und durch ein günstiges Geschick vor dem verstümmelnden Einfluß desselben geborgen werden. Aus der Sozietät *(Gesellschaft)* selbst können sie nie und nimmer hervorgehen; aber außerhalb derselben erscheinen sie noch zuweilen, doch mehr als Fremdlinge, die man anstaunt, und als ungezogene Söhne der Natur, an denen man sich ärgert. So wohltätige Erscheinungen sie für den Künstler sind, der sie studiert, und für den echten Kenner, der sie zu würdigen versteht, so wenig Glück machen sie im ganzen und bei ihrem Jahrhundert. Das Siegel des Herrschers ruht auf ihrer Stirne; wir hingegen wollen von den Musen gewiegt und getragen werden. Von den Kritikern, den eigentlichen Zaunhütern des Geschmacks, werden sie als G r e n z s t ö r e r gehaßt, die man lieber unterdrücken möchte; denn selbst Homer dürfte es bloß der Kraft eines mehr als tausendjährigen Zeugnisses zu verdanken haben, daß ihn diese Geschmacksrichter gelten lassen; auch

---

[9] Ilias, Voßische Übersetzung. I. Band, Seite 153.

wird es ihnen sauer genug, ihre Regeln gegen sein Beispiel und sein Ansehen gegen ihre Regeln zu behaupten.

Die sentimentalischen Dichter

Der Dichter, sagte ich, i s t entweder Natur, oder er wird sie s u c h e n. Jenes macht den naiven, dieses den sentimentalischen Dichter.

Der dichterische Geist ist unsterblich und unverlierbar in der Menschheit; er kann nicht anders als zugleich mit derselben und mit der Anlage zu ihr sich verlieren. Denn entfernt sich gleich der Mensch durch die Freiheit seiner Phantasie und seines Verstandes von der Einfalt, Wahrheit und Notwendigkeit der Natur, so steht ihm doch nicht nur der Pfad zu derselben immer offen, sondern ein mächtiger und unvertilgbarer Trieb, der moralische, treibt ihn auch unaufhörlich zu ihr zurück, und eben mit diesem Triebe steht das Dichtungsvermögen in der engsten Verwandtschaft. Dieses verliert sich also nicht auch zugleich mit der natürlichen Einfalt, sondern wirkt nur nach einer andern Richtung.

Auch jetzt ist die Natur noch die einzige Flamme, an der sich der Dichtergeist nähret; aus ihr allein schöpft er seine ganze Macht, zu ihr allein spricht er auch in dem künstlichen, in der Kultur begriffenen Menschen. Jede andere Art zu wirken ist dem poetischen Geiste fremd; daher, beiläufig zu sagen, alle sogenannten Werke des Witzes ganz mit Unrecht poetisch heißen, ob wir sie gleich lange Zeit, durch das Ansehen der französischen Literatur verleitet, damit vermengt haben. Die Natur, sage ich, ist es auch noch jetzt, in dem künstlichen Zustande der Kultur, wodurch der Dichtergeist mächtig ist;

nur steht er jetzt in einem ganz andern Verhältnis zu derselben.

So lange der Mensch noch reine, es versteht sich, nicht rohe Natur ist, wirkt er als ungeteilte sinnliche Einheit und als ein harmonierendes Ganze. Sinne und Vernunft, empfangendes und selbsttätiges Vermögen haben sich in ihrem Geschäfte noch nicht getrennt, viel weniger stehen sie im Widerspruch miteinander. Seine Empfindungen sind nicht das formlose Spiel des Zufalls, seine Gedanken nicht das gehaltlose Spiel der Vorstellungskraft; aus dem Gesetz der Notwendigkeit gehen jene, aus der Wirklichkeit gehen diese hervor. Ist der Mensch in den Stand der Kultur getreten und hat die Kunst ihre Hand an ihn gelegt, so ist jene sinnliche Harmonie in ihm aufgehoben, und er kann nur noch als moralische Einheit, d. h. als nach Einheit strebend sich äußern. Die Übereinstimmung zwischen seinem Empfinden und Denken, die in dem ersten Zustande wirklich stattfand, existiert jetzt bloß idealisch; sie ist nicht mehr in ihm, sondern außer ihm, als ein Gedanke, der erst realisiert werden soll, nicht mehr als Tatsache seines Lebens. Wendet man nun den Begriff der Poesie, der kein andrer ist als der Menschheit ihren möglichst vollständigen Ausdruck zu geben, auf jene beiden Zustände an, so ergibt sich, daß dort in dem Zustande natürlicher Einfalt, wo der Mensch noch mit allen seinen Kräften zugleich als harmonische Einheit wirkt, wo mithin das Ganze seiner Natur sich in der Wirklichkeit vollständig ausdrückt, die möglichst vollständige Nachahmung des Wirklichen — daß hingegen hier in dem Zustande der Kultur, wo jenes harmonische Zusammenwirken seiner ganzen Natur

35

bloß eine Idee ist, die Erhebung der Wirklichkeit zum Ideal oder, was auf eins hinausläuft, die D a r - s t e l l u n g d e s I d e a l s d e n D i c h t e r m a - c h e n m u ß. Und dies sind auch die zwei einzig möglichen Arten, wie sich überhaupt der poetische Genius äußern kann. Sie sind, wie man sieht, äußerst voneinander verschieden; aber es gibt einen höhern Begriff, der sie beide unter sich faßt, und es darf gar nicht befremden, wenn dieser Begriff mit der Idee der Menschheit in eins zusammentrifft.

Es ist hier der Ort nicht, diesen Gedanken, den nur eine eigene Ausführung in sein volles Licht setzen kann, weiter zu verfolgen. Wer aber nur irgend dem Geiste nach und nicht bloß nach zufälligen Formen eine Vergleichung zwischen alten und modernen Dichtern [10] anzustellen versteht, wird sich leicht von der Wahrheit desselben überzeugen können. Jene rühren uns durch Natur, durch sinnliche Wahrheit, durch lebendige Gegenwart; diese rühren uns durch Ideen.

Dieser Weg, den die neueren Dichter gehen, ist übrigens derselbe, den der Mensch überhaupt sowohl im einzelnen als im ganzen einschlagen muß. Die Natur macht ihn mit sich eins, die Kunst trennt

---

[10] Es ist vielleicht nicht überflüssig, zu erinnern, daß, wenn hier die neuen Dichter den alten entgegengesetzt werden, nicht sowohl der Unterschied der Zeit als der Unterschied der Manier zu verstehen ist. Wir haben auch in neuern, ja sogar in neuesten Zeiten naive Dichtungen in allen Klassen, wenn gleich nicht mehr ganz reiner Art; und unter den alten lateinischen, ja selbst griechischen Dichtern fehlt es nicht an sentimentalischen. Nicht nur in demselben Dichter, auch in demselben Werke trifft man häufig beide Gattungen vereinigt an, wie zum Beispiel in W e r t h e r s L e i d e n, und dergleichen Produkte werden immer den größern Effekt machen.

und entzweiet ihn, durch das Ideal kehrt er zur Einheit zurück. Weil aber das Ideal ein Unendliches ist, das er niemals erreicht, so kann der kultivierte Mensch in s e i n e r Art niemals vollkommen werden, wie doch der natürliche Mensch es in der seinigen zu werden vermag. Er müßte also dem letztern an Vollkommenheit unendlich nachstehen, wenn bloß auf das Verhältnis, in welchem beide zu ihrer Art und zu ihrem Maximum stehen, geachtet wird. Vergleicht man hingegen die Arten selbst miteinander, so zeigt sich, daß das Ziel, zu welchem der Mensch durch Kultur s t r e b t, demjenigen, welches er durch Natur e r r e i c h t, unendlich vorzuziehen ist. Der eine erhält also seinen Wert durch absolute Erreichung einer endlichen, der andre erlangt ihn durch Annäherung zu einer unendlichen Größe. Weil aber nur die letztere G r a d e und einen F o r t s c h r i t t hat, so ist der relative Wert des Menschen, der in der Kultur begriffen ist, im ganzen genommen, niemals bestimmbar, obgleich derselbe, im einzelnen betrachtet, sich in einem notwendigen Nachteil gegen denjenigen befindet, in welchem die Natur in ihrer ganzen Vollkommenheit wirkt. Insofern aber das letzte Ziel der Menschheit nicht anders als durch jene Fortschreitung zu erreichen ist und der letztere nicht anders fortschreiten kann, als indem er sich kultiviert und folglich in den erstern übergeht, so ist keine Frage, welchem von beiden in Rücksicht auf jenes letzte Ziel der Vorzug gebühre.

Dasselbe, was hier von den zwei verschiedenen Formen der Menschheit gesagt wird, läßt sich auch auf jene beiden ihnen entsprechenden Dichterformen anwenden.

Man hätte deswegen alte und moderne — naive und sentimentalische — Dichter entweder gar nicht oder nur unter einem gemeinschaftlich höhern Begriff (einen solchen gibt es wirklich) miteinander vergleichen sollen. Denn freilich, wenn man den Gattungsbegriff der Poesie zuvor einseitig aus den alten Poeten abstrahiert hat, so ist nichts leichter, aber auch nichts trivialer, als die modernen gegen sie herabzusetzen. Wenn man nur das Poesie nennt, was zu allen Zeiten auf die einfältige Natur gleichförmig wirkte, so kann es nicht anders sein, als daß man den neuern Poeten gerade in ihrer eigensten und erhabensten Schönheit den Namen der Dichter wird streitig machen müssen, weil sie gerade hier nur zu dem Zögling der Kunst zu sprechen und der einfältigen Natur nichts zu sagen haben.[11] Wessen Gemüt nicht schon zubereitet ist, über die Wirklichkeit hinaus ins Ideenreich zu gehen, für den wird der reichste Gehalt leerer Schein und der höchste Dichterschwung Überspannung sein. Keinem Ver-

---

[11] M o l i è r e als naiver Dichter durfte es allenfalls auf den Ausspruch seiner Magd ankommen lassen, was in seinen Komödien stehen bleiben und wegfallen sollte; auch wäre zu wünschen gewesen, daß die Meister des französischen Kothurns *(hochsohliger Bühnenschuh der Schauspieler im antiken Theater)* mit ihren Trauerspielen zuweilen diese Probe gemacht hätten. Aber ich wollte nicht raten, daß mit den Klopstockschen Oden, mit den schönsten Stellen im Messias, im verlorenen Paradies *(von Milton)*, in Nathan dem Weisen und vielen andern Stücken eine ähnliche Probe angestellt würde. Doch was sage ich? Diese Probe ist wirklich angestellt, und die M o l i è r e s c h e M a g d räsoniert ja langes und breites in unsern kritischen Bibliotheken, philosophischen und literarischen Annalen und Reisebeschreibungen über Poesie, Kunst und dergleichen, nur wie billig auf deutschem Boden ein wenig abgeschmackter als auf französischem, und wie es sich für die Gesindestube der deutschen Literatur geziemt.

nünftigen kann es einfallen, in demjenigen, worin Homer groß ist, irgend einen Neuern ihm an die Seite stellen zu wollen, und es klingt lächerlich genug, wenn man einen Milton oder Klopstock mit dem Namen eines neuern Homer beehrt sieht. Ebenso wenig aber wird irgendein alter Dichter und am wenigsten Homer in demjenigen, was den modernen Dichter charakteristisch auszeichnet, die Vergleichung mit demselben aushalten können. Jener, möchte ich es ausdrücken, ist mächtig durch die Kunst der Begrenzung; dieser ist es durch die Kunst des Unendlichen.

Und eben daraus, daß die Stärke des alten Künstlers (denn, was hier von dem Dichter gesagt worden, kann unter den Einschränkungen, die sich von selbst ergeben, auch auf den schönen Künstler überhaupt ausgedehnt werden) in der Begrenzung bestehet, erklärt sich der hohe Vorzug, den die bildende Kunst des Altertums über die der neueren Zeiten behauptet, und überhaupt das ungleiche Verhältnis des Werts, in welchem moderne Dichtkunst und moderne bildende Kunst zu beiden Kunstgattungen im Altertum stehen. Ein Werk für das Auge findet nur in der Begrenzung seine Vollkommenheit; ein Werk für die Einbildungskraft kann sie auch durch das Unbegrenzte erreichen. In plastischen Werken hilft daher dem Neuern seine Überlegenheit in Ideen wenig; hier ist er genötigt, das Bild seiner Einbildungskraft auf das genaueste i m R a u m zu b e s t i m m e n und sich folglich mit dem alten Künstler gerade in derjenigen Eigenschaft zu messen, worin dieser seinen unabstreitbaren Vorzug hat. In poetischen Werken ist es anders; und siegen gleich die alten Dichter auch hier in der Einfalt der Formen und in dem, was sinnlich darstellbar und k ö r p e r l i c h ist, so kann

39

der neuere sie wieder in Reichtum des Stoffes, in dem, was undarstellbar und unaussprechlich ist, kurz in dem, was man in Kunstwerken Geist nennt, hinter sich lassen.

Da der naive Dichter bloß der einfachen Natur und Empfindung folgt und sich bloß auf Nachahmung der Wirklichkeit beschränkt, so kann er zu seinem Gegenstand auch nur ein einziges Verhältnis haben, und es gibt in d i e s e r Rücksicht für ihn keine Wahl der Behandlung. Der verschiedene Eindruck naiver Dichtungen beruht (vorausgesetzt, daß man alles hinwegdenkt, was daran dem Inhalt gehört, und jenen Eindruck nur als das reine Werk der poetischen Behandlung betrachtet), beruht, sage ich, bloß auf dem verschiedenen G r a d einer und derselben Empfindungsweise; selbst die Verschiedenheit in den äußern Formen kann in der Qualität jenes ästhetischen Eindrucks keine Veränderung machen. Die Form sei lyrisch oder episch, dramatisch oder beschreibend, wir können wohl schwächer und stärker, aber (sobald von dem Stoff abstrahiert wird) nie verschiedenartig gerührt werden. Unser Gefühl ist durchgängig dasselbe, ganz aus e i n e m Element, so daß wir nichts darin zu unterscheiden vermögen. Selbst der Unterschied der Sprachen und Zeitalter ändert hier nichts, denn eben diese reine Einheit ihres Ursprungs und ihres Effekts ist ein Charakter der naiven Dichtung.

Ganz anders verhält es sich mit dem sentimentalischen Dichter. Dieser r e f l e k t i e r t über den Eindruck, den die Gegenstände auf ihn machen, und nur auf jene Reflexion ist die Rührung gegründet, in die er selbst versetzt wird und uns versetzt. Der Gegenstand wird hier auf eine Idee bezogen, und nur auf dieser Beziehung beruht seine dichterische Kraft. Der sentimentalische Dichter hat es daher immer mit zwei streitenden Vorstellungen und Empfindungen, mit der Wirklichkeit als Grenze und mit seiner Idee als dem Unendlichen, zu tun, und das gemischte Gefühl, das er erregt, wird immer von dieser doppelten Quelle zeugen.[12] Da also hier eine Mehrheit der Prinzipien stattfindet, so kommt es darauf an, welches von beiden in der Empfindung des Dichters und in seiner Darstellung ü b e r w i e - g e n w i r d, und es ist folglich eine Verschieden- heit in der Behandlung möglich. Denn nun entsteht die Frage, ob er mehr bei der Wirklichkeit, ob er mehr bei dem Ideale verweilen — ob er jene als einen Gegenstand der Abneigung, ob er dieses als einen Gegenstand der Zuneigung ausführen will. Seine Darstellung wird also entweder s a t i r i s c h (*spöttisch*), oder sie wird (in einer weitern Bedeu- tung dieses Worts, die sich nachher erklären wird) e l e g i s c h (*wehmütig*) sein; an eine von diesen beiden Empfindungsarten wird jeder sentimenta- lische Dichter sich halten.

---

[12] Wer bei sich auf den Eindruck merkt, den naive Dichtungen auf ihn machen, und den Anteil, der dem Inhalt daran gebührt, davon abzusondern imstand ist, der wird diesen Eindruck, auch selbst bei sehr patheti- schen Gegenständen, immer fröhlich, immer rein, immer ruhig finden; bei sentimentalischen wird er immer etwas ernst und anspannend sein. Das macht, weil wir uns bei naiven Darstellungen, sie handeln auch wovon sie wol- len, immer über die Wahrheit, über die lebendige Gegen- wart des Objekts in unserer Einbildungskraft erfreuen und auch weiter nichts als diese suchen, bei sentimentali- schen hingegen die Vorstellung der Einbildungskraft mit einer Vernunftidee zu vereinigen haben, und also immer zwischen zwei verschiedenen Zuständen in Schwanken geraten.

Satirisch ist der Dichter, wenn er die Entfernung von der Natur und den Widerspruch der Wirklichkeit mit dem Ideale (in der Wirkung auf das Gemüt kommt beides auf eins hinaus) zu seinem Gegenstande macht. Dies kann er aber sowohl ernsthaft und mit Affekt als scherzhaft und mit Heiterkeit ausführen, je nachdem er entweder im Gebiete des Willens oder im Gebiete des Verstandes verweilt. Jenes geschieht durch die s t r a f e n d e oder pathetische, dieses durch die s c h e r z h a f t e Satire.

Streng genommen, verträgt zwar der Zweck des Dichters weder den Ton der Strafe noch den der Belustigung. Jener ist zu ernst für das Spiel, was die Poesie immer sein soll; dieser ist zu frivol für den Ernst, der allem poetischen Spiele zugrunde liegen soll. Moralische Widersprüche interessieren notwendig unser Herz und rauben also dem Gemüt seine Freiheit; und doch soll aus poetischen Rührungen alles eigentliche Interesse, d. h., alle Beziehung auf ein Bedürfnis verbannt sein. Verstandeswidersprüche hingegen lassen das Herz gleichgültig, und doch hat es der Dichter mit dem höchsten Anliegen des Herzens, mit der Natur und dem Ideal zu tun. Es ist daher keine geringe Aufgabe für ihn, in der pathetischen Satire nicht die poetische Form zu verletzen, welche in der Freiheit des Spiels besteht, in der scherzhaften Satire nicht den poetischen Gehalt zu verfehlen, welcher immer das Unendliche sein muß. Diese Aufgabe kann nur auf eine einzige Art gelöst werden. Die strafende Satire erlangt poetische Freiheit, indem sie ins Erhabene übergeht; die lachende Satire erhält poetischen Gehalt, indem sie ihren Gegenstand mit Schönheit behandelt.

In der Satire wird die Wirklichkeit als Mangel dem Ideal als der höchsten Realität gegenüber gestellt. Es ist übrigens gar nicht nötig, daß das letztere ausgesprochen werde, wenn der Dichter es nur im Gemüt zu erwecken weiß; dies muß er aber schlechterdings, oder er wird gar nicht poetisch wirken. Die Wirklichkeit ist also hier ein notwendiges Objekt der Abneigung; aber, worauf hier alles ankommt, diese Abneigung selbst muß wieder notwendig aus dem entgegenstehenden Ideale entspringen. Sie könnte nämlich auch eine bloß sinnliche Quelle haben und lediglich in Bedürfnis gegründet sein, mit welchem die Wirklichkeit streitet; und häufig genug glauben wir einen moralischen Unwillen über die Welt zu empfinden, wenn uns bloß der Widerstreit derselben mit unserer Neigung erbittert. Dieses materielle Interesse ist es, was der gemeine Satiriker ins Spiel bringt, und weil es ihm auf diesem Wege gar nicht fehlschlägt, uns in Affekt zu versetzen, so glaubt er unser Herz in seiner Gewalt zu haben und im Pathetischen Meister zu sein. Aber jedes Pathos aus dieser Quelle ist der Dichtkunst unwürdig, die uns nur durch Ideen rühren und nur durch die Vernunft zu unserm Herzen den Weg nehmen darf. Auch wird sich dieses unreine und materielle Pathos jederzeit durch ein Übergewicht des Leidens und durch eine peinliche Befangenheit des Gemüts offenbaren, da im Gegenteil das wahrhaft poetische Pathos an einem Übergewicht der Selbsttätigkeit und an einer auch im Affekt noch bestehenden Gemütsfreiheit zu erkennen ist. Entspringt nämlich die Rührung aus dem der Wirklichkeit gegenüberstehenden Ideale, so verliert sich in der Erhabenheit des letztern jedes einengende Gefühl, und die Größe der Idee, von der wir erfüllt sind, erhebt uns über alle Schranken der Erfahrung.

Bei der Darstellung empörender Wirklichkeit kommt daher alles darauf an, daß das Notwendige der Grund sei, auf welchem der Dichter oder der Erzähler das Wirkliche aufträgt, daß er unser Gemüt für Ideen zu stimmen wisse. Stehen wir nur hoch in der Beurteilung, so hat es nichts zu sagen, wenn auch der Gegenstand tief und niedrig unter uns zurückbleibt. Wenn uns der Geschichtsschreiber T a c i t u s den tiefen Verfall der Römer des ersten Jahrhunderts schildert, so ist es ein hoher Geist, der auf das Niedrige herabblickt, und unsre Stimmung ist wahrhaft poetisch, weil nur die Höhe, worauf er selbst steht und zu der er uns zu erheben wußte, seinen Gegenstand niedrig machte.

Die pathetische Satire muß also jederzeit aus einem Gemüte fließen, welches von dem Ideale lebhaft durchdrungen ist. Nur ein herrschender Trieb nach Übereinstimmung kann und darf jenes tiefe Gefühl moralischer Widersprüche und jenen glühenden Unwillen gegen moralische Verkehrtheit erzeugen, welcher in einem Juvenal, Swift, Rousseau, Haller und andern zur Begeisterung wird. Die nämlichen Dichter würden und müßten mit demselben Glück auch in den rührenden und zärtlichen Gattungen gedichtet haben, wenn nicht zufällige Ursachen ihrem Gemüt frühe diese bestimmte Richtung gegeben hätten; auch haben sie es zum Teil wirklich getan. Alle die hier Genannten lebten entweder in einem ausgearteten Zeitalter und hatten eine schauderhafte Erfahrung moralischer Verderbnis vor Augen, oder eigene Schicksale hatten Bitterkeit in ihre Seele gestreut. Auch der philosophische Geist, da er mit unerbittlicher Strenge den Schein von dem Wesen trennt und in die Tiefen der Dinge dringet, neigt das Gemüt zu dieser Härte und Austerität *(Herbe)*, mit welcher Rousseau, Haller und andere die Wirklichkeit malen. Aber diese äußern und zufälligen Einflüsse, welche immer einschränkend wirken, dürfen höchstens nur die Richtung bestimmen, niemals den Inhalt der Begeisterung hergeben. Dieser muß in allen derselbe sein und, rein von jedem äußern Bedürfnis, aus einem glühenden Triebe für das Ideal hervorfließen, welcher durchaus der einzig wahre Beruf zu dem satirischen wie überhaupt zu dem sentimentalischen Dichter ist.

Wenn die pathetische Satire nur e r h a b e n e Seelen kleidet, so kann die spottende Satire nur einem schönen Herzen gelingen. Denn jene ist schon durch ihren ernsten Gegenstand vor der Frivolität gesichert; aber diese, die nur einen moralisch gleichgültigen Stoff behandeln darf, würde unvermeidlich darein verfallen und jede poetische Würde verlieren, wenn hier nicht die Behandlung den Inhalt veredelte und das S u b j e k t des Dichters nicht sein Objekt verträte. Aber nur dem schönen Herzen ist es verliehen, unabhängig von dem Gegenstand seines Wirkens in jeder seiner Äußerungen ein vollendetes Bild von sich selbst abzuprägen. Der erhabene Charakter kann sich nur in einzelnen Siegen über den Widerstand der Sinne, nur in gewissen Momenten des Schwunges und einer augenblicklichen Anstrengung kundtun; in der schönen Seele hingegen wirkt das Ideal als Natur, also gleichförmig, und kann mithin auch in einem Zustand der Ruhe sich zeigen. Das tiefe Meer erscheint am erhabensten in seiner Bewegung, der klare Bach am schönsten in seinem ruhigen Lauf.

Es ist mehrmals darüber gestritten worden, welche von beiden, die Tragödie oder die Komödie, vor der andern den Rang verdiene. Wird damit bloß gefragt, welche von beiden das wichtigere Objekt behandle, so ist kein Zweifel, daß die erstere den

Vorzug behauptet; will man aber wissen, welche von beiden das wichtigere Subjekt erfordere, so möchte der Ausspruch eher für die letztere ausfallen. — In der Tragödie geschieht schon durch den Gegenstand sehr viel, in der Komödie geschieht durch den Gegenstand nichts und alles durch den Dichter. Da nun bei Urteilen des Geschmacks der Stoff nie in Betrachtung kommt, so muß natürlicherweise der ästhetische Wert dieser beiden Kunstgattungen in umgekehrtem Verhältnis zu ihrer materiellen Wichtigkeit stehen. Den tragischen Dichter trägt sein Objekt, der komische hingegen muß durch sein Subjekt das seinige in der ästhetischen Höhe erhalten. Jener darf einen Schwung nehmen, wozu so viel eben nicht gehöret; der andere muß sich gleich bleiben, e r muß also schon dort s e i n und dort zu Hause sein, wohin der andere nicht ohne einen Anlauf gelangt. Und gerade das ist es, worin sich der schöne Charakter von dem erhabenen unterscheidet. In dem ersten ist jede Größe schon enthalten, sie fließt ungezwungen und mühelos aus seiner Natur, er ist dem Vermögen nach ein Unendliches in jedem Punkte seiner Bahn; der andre kann sich zu jeder Größe anspannen und erheben, er kann durch die Kraft seines Willens aus jedem Zustande der Beschränkung sich reißen. Dieser ist also nur ruckweise und nur mit Anstrengung frei, jener ist es mit Leichtigkeit und immer.

Diese Freiheit des Gemüts in uns hervorzubringen und zu nähren, ist die schöne Aufgabe der Komödie, so wie die Tragödie bestimmt ist, die Gemütsfreiheit, wenn sie durch einen Affekt gewaltsam aufgehoben worden, auf ästhetischem Weg wieder herstellen zu helfen. In der Tragödie muß daher die Gemütsfreiheit künstlicherweise und als Experiment aufgehoben werden, weil sie in Herstellung derselben ihre poetische Kraft beweist; in der Komödie hingegen muß verhütet werden, daß es niemals zu jener Aufhebung der Gemütsfreiheit komme. Daher behandelt der Tragödiendichter seinen Gegenstand immer praktisch, der Komödiendichter den seinigen immer theoretisch, auch wenn jener (wie Lessing in seinem Nathan) die Grille hätte, einen theoretischen, dieser einen praktischen Stoff zu bearbeiten. Nicht das Gebiet, aus welchem der Gegenstand genommen, sondern das Forum, vor welches der Dichter ihn bringt, macht denselben tragisch oder komisch. Der Tragiker muß sich vor dem ruhigen Räsonnement in acht nehmen und immer das Herz interessieren; der Komiker muß sich vor dem Pathos hüten und immer den Verstand unterhalten. Jener zeigt also durch beständige Erregung, dieser durch beständige Abwehrung der Leidenschaft seine Kunst; und diese Kunst ist natürlich auf beiden Seiten um so größer, je mehr der Gegenstand des einen abstrakter Natur ist und der des andern sich zum Pathetischen neigt.[13]

---

[13] Im Nathan dem Weisen ist dieses nicht geschehen, hier hat die frostige Natur des Stoffs das ganze Kunstwerk erkältet. Aber Lessing wußte selbst, daß er kein Trauerspiel schrieb, und vergaß nur menschlicherweise in seiner eigenen Angelegenheit die in der Dramaturgie aufgestellte Lehre, daß der Dichter nicht befugt sei, die tragische Form zu einem andern als tragischen Zweck anzuwenden. Ohne sehr wesentliche Veränderungen würde es kaum möglich gewesen sein, dieses dramatische Gedicht in eine gute Tragödie umzuschaffen; aber mit bloß zufälligen Veränderungen möchte es eine gute Komödie abgegeben haben. Dem letztern Zweck nämlich hätte das Pathetische, dem erstern das Räsonierende aufgeopfert werden müssen, und es ist wohl keine Frage, auf welchem von beiden die Schönheit dieses Gedichts am meisten beruht.

Wenn also die Tragödie von einem wichtigern Punkt ausgeht, so muß man auf der andern Seite gestehen, daß die Komödie einem wichtigern Ziel entgegengeht, und sie würde, wenn sie es erreichte, alle Tragödie überflüssig und unmöglich machen. Ihr Ziel ist einerlei mit dem Höchsten, wornach der Mensch zu ringen hat, frei von Leidenschaft zu sein, immer klar, immer ruhig um sich und in sich zu schauen, überall mehr Zufall als Schicksal zu finden und mehr über Ungereimtheit zu lachen als über Bosheit zu zürnen oder zu weinen.

Wie in dem handelnden Leben, so begegnet es auch oft bei dichterischen Darstellungen, den bloß leichten Sinn, das angenehme Talent, die fröhliche Gutmütigkeit mit Schönheit der Seele zu verwechseln, und da sich der gemeine Geschmack überhaupt nie über das Angenehme erhebt, so ist es solchen n i e d l i c h e n Geistern ein Leichtes, jenen Ruhm zu usurpieren *(widerrechtlich zu gewinnen)*, der so schwer zu verdienen ist. Aber es gibt eine untrügliche Probe, vermittels deren man die Leichtigkeit des Naturells von der Leichtigkeit des Ideals, so wie die Tugend des Temperaments von der wahrhaften Sittlichkeit des Charakters unterscheiden kann, und diese ist, wenn beide sich an einem schwierigen und großen Objekte versuchen. In einem solchen Fall geht das niedliche Genie unfehlbar in das Platte, so wie die Temperamentstugend in das Materielle; die wahrhaft schöne Seele hingegen geht ebenso gewiß in die erhabene über.

So lange Lucian bloß die Ungereimtheit züchtigt, wie in den Wünschen, in den Lapithen, in dem Jupiter Tragödus u. a., bleibt er Spötter und ergötzt uns mit seinem fröhlichen Humor; aber es wird ein ganz anderer Mann aus ihm in vielen Stellen seines Nigrinus, seines Timons, seines Alexanders, wo seine Satire auch die moralische Verderbnis trifft. „Unglückseliger", so beginnt er in seinem Nigrinus das empörende Gemälde des damaligen Roms, „warum verliessest du das Licht der Sonne, Griechenland, und jenes glückliche Leben der Freiheit und kamst hieher in dies Getümmel von prachtvoller Dienstbarkeit, von Aufwartungen und Gastmählern, von Sykophanten *(Verleumdern)*, Schmeichlern, Giftmischern, Erbschleichern und falschen Freunden? usw." Bei solchen und ähnlichen Anlässen muß sich der hohe Ernst des Gefühls offenbaren, der allem Spiele, wenn es poetisch sein soll, zugrunde liegen muß. Selbst durch den boshaften Scherz, womit sowohl Lucian als Aristophanes den Sokrates mißhandeln, blickt eine ernste Vernunft hervor, welche die Wahrheit an dem Sophisten rächt und für ein Ideal streitet, das sie nur nicht immer ausspricht. Auch hat der erste von beiden in seinem Diogenes und Demonax diesen Charakter gegen alle Zweifel gerechtfertigt; unter den Neuern, welchen großen und schönen Charakter drückt nicht C e r v a n t e s bei jedem würdigen Anlaß in seinem D o n Q u i x o t e aus! Welch ein herrliches Ideal mußte nicht in der Seele des Dichters leben, der einen T o m J o n e s und eine S o p h i a *(Romanfiguren bei Fielding)* erschuf; wie kann der Lacher Y o r i k *(Hauptfigur in „Sentimental Journey" von Sterne)*, sobald er will, unser Gemüt so groß und so mächtig bewegen. Auch in unserm W i e l a n d erkenne ich diesen Ernst der Empfindung; selbst die mutwilligen Spiele seiner Laune beseelt und adelt die Grazie des Herzens, selbst in den Rhythmus seines Gesangs drückt sie ihr Gepräg, und nimmer fehlt ihm die Schwungkraft, uns, sobald es gilt, zu dem Höchsten empor zu tragen.

Von der Voltairischen Satire läßt sich kein solches Urteil fällen. Zwar ist es auch bei diesem Schriftsteller einzig nur die Wahrheit und Simplizität der Natur, wodurch er uns zuweilen poetisch rührt, es sei nun, daß er sie in einem naiven Charakter wirklich erreiche, wie mehrmals in seinem Ingenu, oder daß er sie, wie in seinem Candide u. a., suche und räche. Wo keines von beiden der Fall ist, da kann er uns zwar als witziger Kopf belustigen, aber gewiß nicht als Dichter bewegen. Aber seinem Spott liegt überall zu wenig Ernst zugrunde, und dieses macht seinen Dichterberuf mit Recht verdächtig. Wir begegnen immer nur seinem Verstande, nicht seinem Gefühl. Es zeigt sich kein Ideal unter jener luftigen Hülle und kaum etwas absolut Festes in jener ewigen Bewegung. Seine wunderbare Mannigfaltigkeit in äußern Formen, weit entfernt, für die innere Fülle seines Geistes etwas zu beweisen, legt vielmehr ein bedenkliches Zeugnis dagegen ab; denn ungeachtet aller jener Formen hat er auch nicht eine gefunden, worin er ein Herz hätte abdrücken können. Beinahe muß man also fürchten, es war in diesem reichen Genius nur die Armut des Herzens, die seinen Beruf zur Satire bestimmte. Wäre es anders, so hätte er doch irgend auf seinem weiten Weg aus diesem engen Geleise treten müssen. Aber bei allem noch so großen Wechsel des Stoffes und der äußern Form sehen wir diese innere Form in ewigem, dürftigem Einerlei wiederkehren, und trotz seiner voluminösen Laufbahn hat er doch den Kreis der Menschheit in sich selbst nicht erfüllt, den man in den oben erwähnten Satirikern mit Freuden durchlaufen findet.

Elegische Dichtung

Setzt der Dichter die Natur der Kunst und das Ideal der Wirklichkeit so entgegen, daß die Darstellung des ersten überwiegt und das Wohlgefallen an demselben herrschende Empfindung wird, so nenne ich ihn e l e g i s c h. Auch diese Gattung hat wie die Satire zwei Klassen unter sich. Entweder ist die Natur und das Ideal ein Gegenstand der Trauer, wenn jene als verloren, dieses als unerreicht dargestellt wird. Oder beide sind ein Gegenstand der Freude, indem sie als wirklich vorgestellt werden. Das erste gibt die E l e g i e *(Klagelied)* in engerer, das andre die I d y l l e *(Dichtung einfachen — ländlichen — Lebens)* in weitester Bedeutung.[14]

---

[14] Daß ich die Benennungen Satire, Elegie und Idylle in einem weitern Sinn gebrauche, als gewöhnlich geschieht, werde ich bei Lesern, die tiefer in die Sache dringen, kaum zu verantworten brauchen. Meine Absicht dabei ist keineswegs, die Grenzen zu verrücken, welche die bisherige Observanz *(Beobachtung der eingeführten Regel)* sowohl der Satire und Elegie als der Idylle mit gutem Grunde gesteckt hat; ich sehe bloß auf die in diesen Dichtungsarten herrschende E m p f i n d u n g s w e i s e, und es ist ja bekannt genug, daß diese sich keineswegs in jene engen Grenzen einschließen läßt. Elegisch rührt uns nicht bloß die Elegie, welche ausschließlich so genannt wird; auch der dramatische und epische Dichter können uns auf elegische Weise bewegen. In der „Messiade" *(von Klopstock)*, in Thomsons „Jahrszeiten", im „Verlorenen Paradies" *(von Milton)*, im „Befreiten Jerusalem" *(von Tasso)* finden wir mehrere Gemälde, die sonst nur der Idylle, der Elegie, der Satire eigen sind. Ebenso, mehr oder weniger, fast in jedem pathetischen Gedichte. Daß

Wie der Unwille bei der pathetischen und wie der Spott bei der scherzhaften Satire, so darf bei der Elegie die Trauer nur aus einer durch das Ideal erweckten Begeisterung fließen. Dadurch allein erhält

---

ich aber die Idylle selbst zur elegischen Gattung rechne, scheint eher einer Rechtfertigung zu bedürfen. Man erinnere sich aber, daß hier nur von derjenigen Idylle die Rede ist, welche eine Spezies *(Gattung)* der sentimentalischen Dichtung ist, zu deren Wesen es gehört, daß die Natur der Kunst und das Ideal der Wirklichkeit e n t - g e g e n g e s e t z t w e r d e. Geschieht dieses auch nicht ausdrücklich von dem Dichter, und stellt er das Gemälde der unverdorbenen Natur oder des erfüllten Ideales rein und selbständig vor unsere Augen, so ist jener Gegensatz doch in seinem Herzen und wird sich auch ohne seinen Willen in jedem Pinselstrich verraten. Ja, wäre dieses nicht, so würde schon die Sprache, deren er sich bedienen muß, weil sie den Geist der Zeit an sich trägt, und den Einfluß der Kunst erfahren, uns die Wirklichkeit mit ihren Schranken, die Kultur mit ihrer Künstelei in Erinnerung bringen; ja, unser eigenes Herz würde jenem Bilde der reinen Natur die Erfahrung der Verderbnis gegenüberstellen und so die Empfindungsart, wenn auch der Dichter es nicht darauf angelegt hätte, in uns elegisch machen. Dies letztere ist so unvermeidlich, daß selbst der höchste Genuß, den die schönsten Werke der naiven Gattung aus alten und neuen Zeiten dem kultivierten Menschen gewähren, nicht lange rein bleibt, sondern früher oder später von einer elegischen Empfindung begleitet sein wird. Schließlich bemerke ich noch, daß die hier versuchte Einteilung, eben deswegen, weil sie sich bloß auf den Unterschied in der Empfindungsweise gründet, in der Einteilung der Gedichte selbst und der Abteilung der poetischen Arten ganz und gar nichts bestimmen soll; denn da der Dichter auch in demselben Werke keineswegs an dieselbe Empfindungsweise gebunden ist, so kann jene Einteilung nicht davon, sondern muß von der Form der Darstellung hergenommen werden.

die Elegie poetischen Gehalt, und jede andere Quelle derselben ist völlig unter der Würde der Dichtkunst. Der elegische Dichter sucht die Natur, aber in ihrer Schönheit, nicht bloß in ihrer Annehmlichkeit, in ihrer Übereinstimmung mit Ideen, nicht bloß in ihrer Nachgiebigkeit gegen das Bedürfnis. Die Trauer über verlorne Freuden, über das aus der Welt verschwundene goldene Alter, über das entflohene Glück der Jugend, der Liebe usw. kann nur alsdann der Stoff zu einer elegischen Dichtung werden, wenn jene Zustände sinnlichen Friedens zugleich als Gegenstände moralischer Harmonie sich vorstellen lassen. Ich kann deswegen die Klaggesänge des O v i d , die er aus seinem Verbannungsort am Euxin *(ὁ εὔξεινος πόντος: Schwarzes Meer)* anstimmt, wie rührend sie auch sind und wie viel Dichterisches auch einzelne Stellen haben, im ganzen nicht wohl als ein poetisches Werk betrachten. Es ist viel zu wenig Energie, viel zu wenig Geist und Adel in seinem Schmerz. Das Bedürfnis, nicht die Begeisterung stieß jene Klagen aus; es atmet darin, wenn gleich keine gemeine Seele, doch die gemeine Stimmung eines edleren Geistes, den sein Schicksal zu Boden drückte. Zwar, wenn wir uns erinnern, daß es Rom und das Rom des Augustus ist, um das er trauert, so verzeihen wir dem Sohn der Freude seinen Schmerz; aber selbst das herrliche Rom mit allen seinen Glückseligkeiten ist, wenn nicht die Einbildungskraft es erst veredelt, bloß eine endliche Größe, mithin ein unwürdiges Objekt für die Dichtkunst, die, erhaben über alles, was die Wirklichkeit aufstellt, nur das Recht hat, um das Unendliche zu trauern.

Der Inhalt der dichterischen Klage kann also niemals ein äußerer, jederzeit nur ein innerer idealischer Gegenstand sein; selbst wenn sie einen Verlust in der Wirklichkeit betrauert, muß sie ihn erst zu einem idealischen umschaffen. In dieser Reduktion des Beschränkten auf ein Unendliches besteht eigentlich die poetische Behandlung. Der äußere Stoff ist daher an sich selbst immer gleichgültig, weil ihn die Dichtkunst niemals so brauchen kann, wie sie ihn findet, sondern nur durch das, was sie selbst daraus macht, ihm die poetische Würde gibt. Der elegische Dichter sucht die Natur, aber als eine Idee und in einer Vollkommenheit, in der sie nie existiert hat, wenn er sie gleich als etwas Dagewesenes und nun Verlorenes beweint. Wenn uns Ossian von den Tagen erzählt, die nicht mehr sind, und von den Helden, die verschwunden sind, so hat seine Dichtungskraft jene Bilder der Erinnerung längst in Ideale, jene Helden in Götter umgestaltet. Die Erfahrungen eines bestimmten Verlustes haben sich zur Idee der allgemeinen Vergänglichkeit erweitert, und der gerührte Barde, den das Bild des allgegenwärtigen Ruins verfolgt, schwingt sich zum Himmel auf, um dort in dem Sonnenlauf ein Sinnbild des Unvergänglichen zu finden.[15]

Ich wende mich sogleich zu den neuern Poeten in der elegischen Gattung. R o u s s e a u , als Dichter wie als Pilosoph, hat keine andere Tendenz, als die Natur entweder zu suchen oder an der Kunst zu rächen. Je nachdem sich sein Gefühl entweder bei der einen oder der andern verweilt, finden wir ihn bald elegisch gerührt, bald zu Juvenalischer Satire begeistert, bald, wie in seiner Julie *(Hauptgestalt in „La nouvelle Héloïse" 1761)*, in das Feld der I d y l l e entzückt. Seine Dichtungen haben un-

---

[15] Man lese z. B. das treffliche Gedicht, „Carthon" betitelt.

widersprechlich poetischen Gehalt, da sie ein Ideal behandeln; nur weiß er denselben nicht auf poetische Weise zu gebrauchen. Sein ernster Charakter läßt ihn zwar nie zur Frivolität herabsinken, aber erlaubt ihm auch nicht, sich bis zum poetischen Spiel zu erheben. Bald durch Leidenschaft, bald durch Abstraktion angespannt, bringt er es selten oder nie zu der ästhetischen Freiheit, welche der Dichter seinem Stoff gegenüber behaupten, seinem Leser mitteilen muß. Entweder es ist seine kranke Empfindlichkeit, die über ihn herrschet und seine Gefühle bis zum Peinlichen treibt; oder es ist seine Denkkraft, die seiner Imagination *(Einbildungskraft, Phantasie)* Fesseln anlegt und durch die Strenge des Begriffs die Anmut des Gemäldes vernichtet. Beide Eigenschaften, deren innige Wechselwirkung und Vereinigung den Poeten eigentlich ausmacht, finden sich bei diesem Schriftsteller in ungewöhnlich hohem Grad, und nichts fehlt, als daß sie sich auch wirklich mit einander vereinigt äußerten, daß seine Selbsttätigkeit sich mehr in sein Empfinden, daß seine Empfänglichkeit sich mehr in sein Denken mischte. Daher ist auch in dem Ideale, das er von der Menschheit aufstellt, auf die Schranken derselben zu viel, auf ihr Vermögen zu wenig Rücksicht genommen, und überall mehr ein Bedürfnis nach physischer R u h e als nach moralischer Ü b e r e i n s t i m m u n g darin sichtbar. Seine leidenschaftliche Empfindlichkeit ist schuld, daß er die Menschheit, um nur des Streits in derselben recht bald los zu werden, lieber zu der geistlosen Einförmigkeit des ersten Standes zurückgeführt, als jenen Streit in der geistreichen Harmonie einer durchgeführten Bildung geendigt sehen, daß er die Kunst lieber gar nicht anfangen lassen, als ihre Vollendung erwarten will, kurz daß er das Ziel lieber niedriger steckt und das Ideal lieber herabsetzt, um es nur desto schneller, um es nur desto sicherer zu erreichen.

Unter Deutschlands Dichtern in dieser Gattung will ich hier nur H a l l e r s, K l e i s t s und K l o p - s t o c k s erwähnen. Der Charakter ihrer Dichtung ist sentimentalisch; durch Ideen rühren sie uns, nicht durch sinnliche Wahrheit, nicht sowohl weil sie selbst Natur sind, als weil sie uns für Natur zu begeistern wissen. Was indessen von dem Charakter sowohl dieser als aller sentimentalischen Dichter im g a n z e n wahr ist, schließt natürlicherweise darum keineswegs das Vermögen aus, im e i n z e l - n e n uns durch naive Schönheit zu rühren; ohne das würden sie überall keine Dichter sein. Nur ihr eigentlicher und herrschender Charakter ist es nicht, mit ruhigem, einfältigem und leichtem Sinn zu empfangen und das Empfangene ebenso wieder darzustellen. Unwillkürlich drängt sich die Phantasie der Anschauung, die Denkkraft der Empfindung zuvor, und man verschließt Auge und Ohr, um betrachtend in sich selbst zu versinken. Das Gemüt kann keinen Eindruck erleiden, ohne sogleich seinem eigenen Spiel zuzusehen, und was es in sich hat, durch Reflexion sich gegenüber und aus sich heraus zu stellen. Wir erhalten auf diese Art nie den Gegenstand, nur was der reflektierende Verstand des Dichters aus dem Gegenstand machte, und selbst dann, wenn der Dichter selbst dieser Gegenstand ist, wenn er uns seine Empfindungen darstellen will, erfahren wir nicht seinen Zustand unmittelbar und aus der ersten Hand, sondern wie sich derselbe in seinem Gemüt reflektiert, was er als Zuschauer seiner selbst darüber gedacht hat. Wenn Haller den Tod seiner Gattin betrauert (man kennt das schöne Lied) und folgendermaßen anfängt:

> Soll ich von deinem Tode singen,
> O Mariane, welch ein Lied!
> Wenn Seufzer mit den Worten ringen,
> Und ein Begriff den andern flieht, u. s. f.

so finden wir diese Beschreibung genau wahr; aber wir fühlen auch, daß uns der Dichter nicht eigentlich seine Empfindungen, sondern seine Gedanken darüber mitteilt. Er rührt uns deswegen auch weit schwächer, weil er selbst schon sehr viel erkältet sein mußte, um ein Zuschauer seiner Rührung zu sein.

Schon der größtenteils übersinnliche Stoff der Hallerischen und zum Teil auch der Klopstockischen Dichtungen schließt sie von der naiven Gattung aus; sobald daher jener Stoff überhaupt nur poetisch bearbeitet werden sollte, so mußte er, da er keine körperliche Natur annehmen und folglich kein Gegenstand der sinnlichen Anschauung werden konnte, ins Unendliche hinübergeführt und zu einem Gegenstand der geistigen Anschauung erhoben werden. Überhaupt läßt sich nur in diesem Sinne eine didaktische Poesie *(Lehrdichtung)* ohne innern Widerspruch denken; denn, um es noch einmal zu wiederholen, nur diese zwei Felder besitzt die Dichtkunst, entweder sie muß sich in der Sinnenwelt, oder sie muß sich in der Ideenwelt aufhalten, da sie im Reich der Begriffe oder in der Verstandeswelt schlechterdings nicht gedeihen kann. Noch, ich gestehe es, kenne ich kein Gedicht in dieser Gattung, weder aus älterer noch neuerer Literatur, welches den Begriff, den es bearbeitet, rein und vollständig entweder bis zur Individualität herab oder bis zur Idee hinaufgeführt hätte. Der gewöhnliche Fall ist, wenn es noch glücklich geht, daß zwischen beiden abgewechselt wird, während daß der abstrakte Begriff herrschet, und daß der

57

Einbildungskraft, welche auf dem poetischen Felde zu gebieten haben soll, bloß verstattet wird, den Verstand zu bedienen. Dasjenige didaktische Gedicht, worin der Gedanke selbst poetisch wäre und es auch bliebe, ist noch zu erwarten.

Was hier im allgemeinen von allen Lehrgedichten gesagt wird, gilt auch von den Hallerischen insbesondere. Der Gedanke selbst ist kein dichterischer Gedanke, aber die Ausführung wird es zuweilen bald durch den Gebrauch der Bilder, bald durch den Aufschwung zu Ideen. Nur in der letztern Qualität gehören sie hieher. Kraft und Tiefe und ein pathetischer Ernst charakterisieren diesen Dichter. Von einem Ideal ist seine Seele entzündet, und sein glühendes Gefühl für Wahrheit sucht in den stillen Alpentälern die aus der Welt verschwundene Unschuld. Tiefrührend ist seine Klage; mit energischer, fast bitterer Satire zeichnet er die Verirrungen des Verstandes und Herzens und mit Liebe die schöne Einfalt der Natur. Nur überwiegt überall zu sehr der Begriff in seinen Gemälden, so wie in ihm selbst der Verstand über die Empfindung den Meister spielt. Daher l e h r t er durchgängig mehr, als er d a r s t e l l t, und stellt durchgängig mit mehr kräftigen als lieblichen Zügen dar. Er ist groß, kühn, feurig, erhaben; zur Schönheit aber hat er sich selten oder niemals erhoben.

An Ideengehalt und an Tiefe des Geistes steht K l e i s t diesem Dichter um vieles nach; an Anmut möchte er ihn übertreffen, wenn wir ihm anders nicht, wie zuweilen geschieht, einen Mangel auf der einen Seite für eine Stärke auf der andern anrechnen. Kleists gefühlvolle Seele schwelgt am liebsten im Anblick ländlicher Szenen und Sitten. Er flieht gerne das leere Geräusch der Gesellschaft und findet im Schoß der leblosen Natur die Harmonie und

den Frieden, den er in der moralischen Welt vermißt. Wie rührend ist seine Sehnsucht nach Ruhe![16]
Wie wahr und gefühlt, wenn er singt:

> „O Welt, du bist des wahren Lebens Grab!
> Oft reizet mich ein heißer Trieb zur Tugend,
> Vor Wehmut rollt ein Bach die Wang herab,
> Das Beispiel siegt, und du, o Feu'r der Jugend,
> Ihr trocknet bald die edlen Tränen ein.
> Ein wahrer Mensch muß fern von Menschen sein."

Aber hat ihn sein Dichtungstrieb aus dem ein-
engenden Kreis der Verhältnisse heraus in die geist-
reiche Einsamkeit der Natur geführt, so verfolgt
ihn auch noch bis hieher das ängstliche Bild des Zeit-
alters und leider auch seine Fesseln. Was er fliehet,
ist in ihm, was er suchet, ist ewig außer ihm; nie
kann er den üblen Einfluß seines Jahrhunderts ver-
winden. Ist sein Herz gleich feurig, seine Phantasie
gleich energisch genug, die toten Gebilde des Verstandes durch die Darstellung zu beseelen, so ent-
seelt der kalte Gedanke ebenso oft wieder die lebendige Schöpfung der Dichtungskraft, und die Reflexion stört das geheime Werk der Empfindung.
Bunt zwar und prangend wie der Frühling, den er
besang, ist seine Dichtung, seine Phantasie ist rege
und tätig; doch möchte man sie eher veränderlich
als reich, eher spielend als schaffend, eher unruhig
fortschreitend als sammelnd und bildend nennen.
Schnell und üppig wechseln Züge auf Züge, aber
ohne sich zum Individuum zu konzentrieren, ohne
sich zum Leben zu füllen und zur Gestalt zu run-
den. So lang er bloß lyrisch dichtet und bloß bei
landschaftlichen Gemälden verweilt, läßt uns teils
die größere Freiheit der lyrischen Form, teils die
willkürlichere Beschaffenheit seines Stoffs diesen

---

[16] Man sehe das Gedicht dieses Namens in seinen
Werken.

Mangel übersehen, indem wir hier überhaupt mehr die Gefühle des Dichters als den Gegenstand selbst dargestellt verlangen. Aber der Fehler wird nur allzu merklich, wenn er sich wie in seinem „C i s s i - d e s und P a c h e s" und in seinem „S e n e c a" herausnimmt, Menschen und menschliche Handlungen darzustellen, weil hier die Einbildungskraft sich zwischen festen und notwendigen Grenzen eingeschlossen sieht und der poetische Effekt nur aus dem G e g e n s t a n d hervorgehen kann. Hier wird er dürftig, langweilig, mager und bis zum Unerträglichen frostig: ein warnendes Beispiel für alle, die ohne innern Beruf aus dem Felde musikalischer Poesie in das Gebiet der bildenden sich versteigen. Einem verwandten Genie, dem T h o m s o n , ist die nämliche Menschlichkeit begegnet.

In der sentimentalischen Gattung und besonders in dem elegischen Teil derselben möchten wenige aus den neuern und noch wenigere aus den ältern Dichtern mit unserm K l o p s t o c k zu vergleichen sein. Was nur immer außerhalb den Grenzen lebendiger Form und außer dem Gebiete der Individualität im Felde der Idealität zu erreichen ist, ist von diesem musikalischen Dichter geleistet.[17] Zwar

---

[17] Ich sage m u s i k a l i s c h e n , um hier an die doppelte Verwandtschaft der Poesie mit der Tonkunst und mit der bildenden Kunst zu erinnern. Je nachdem nämlich die Poesie entweder einen bestimmten G e g e n - s t a n d nachahmt, wie die bildenden Künste tun, oder je nachdem sie wie die Tonkunst bloß einen bestimmten Z u s t a n d d e s G e m ü t s hervorbringt, ohne dazu eines bestimmten Gegenstandes nötig zu haben, kann sie bildend (p l a s t i s c h) oder musikalisch genannt werden. Der letztere Ausdruck bezieht sich also nicht bloß auf dasjenige, was in der Poesie wirklich und der Materie nach Musik ist, sondern überhaupt auf alle die-

würde man ihm großes Unrecht tun, wenn man ihm jene individuelle Wahrheit und Lebendigkeit, womit der naive Dichter seinen Gegenstand schildert, überhaupt absprechen wollte. Viele seiner Oden, mehrere einzelne Züge in seinen Dramen und in seinem „Messias" stellen den Gegenstand mit treffender Wahrheit und in schöner Umgrenzung dar; da besonders, wo der Gegenstand sein eigenes Herz ist, hat er nicht selten eine große Natur, eine reizende Naivität bewiesen. Nur liegt hierin s e i n e Stärke nicht, nur möchte sich diese Eigenschaft nicht durch das Ganze seines dichterischen Kreises durchführen lassen. So eine herrliche Schöpfung die Messiade in m u s i k a l i s c h poetischer Rücksicht nach der oben gegebenen Bestimmung ist, so vieles läßt sie in p l a s t i s c h poetischer noch zu wünschen übrig, wo man bestimmte und f ü r d i e A n - s c h a u u n g b e s t i m m t e Formen erwartet. Bestimmt genug möchten vielleicht noch die Figuren in diesem Gedichte sein, aber nicht für die Anschauung; nur die Abstraktion hat sie erschaffen, nur die Abstraktion kann sie unterscheiden. Sie sind gute Exempel zu Begriffen, aber keine Individuen, keine lebenden Gestalten. Der Einbildungskraft, an die doch der Dichter sich wenden und die er durch die durchgängige Bestimmtheit seiner Formen beherrschen soll, ist es viel zu sehr freigestellt, auf was Art sie sich diese Menschen und Engel, diese Götter und Satane, diesen Himmel und diese Hölle versinnlichen will. Es ist ein Umriß gegeben, innerhalb dessen der Verstand sie notwendig denken muß,

---

jenigen Effekte derselben, die sie hervorzubringen vermag, ohne die Einbildungskraft durch ein bestimmtes Objekt zu beherrschen; und in diesem Sinne nenne ich Klopstock vorzugsweise einen musikalischen Dichter.

aber keine feste Grenze ist gesetzt, innerhalb deren die Phantasie sie notwendig darstellen müßte. Was ich hier von den Charakteren sage, gilt von allem, was in diesem Gedichte Leben und Handlung ist oder sein soll, und nicht bloß in dieser Epopöe *(erzählende Dichtung)*, auch in den dramatischen Poesien unsers Dichters. Für den Verstand ist alles trefflich bestimmt und begrenzet (ich will hier nur an seinen Judas, seinen Pilatus, seinen Philo, seinen Salomo im Trauerspiel dieses Namens erinnern); aber es ist viel zu formlos für die Einbildungskraft, und hier, ich gestehe es frei heraus, finde ich diesen Dichter ganz und gar nicht in seiner Sphäre.

Seine Sphäre ist immer das Ideenreich, und ins Unendliche weiß er alles, was er bearbeitet, hinüberzuführen. Man möchte sagen, er ziehe allem, was er behandelt, den Körper aus, um es zu Geist zu machen, so wie andere Dichter alles Geistige mit einem Körper bekleiden.' Beinahe jeder Genuß, den seine Dichtungen gewähren, muß durch eine Übung der Denkkraft errungen werden; alle Gefühle, die er und zwar so innig und so mächtig in uns zu erregen weiß, strömen aus übersinnlichen Quellen hervor. Daher dieser Ernst, diese Kraft, dieser Schwung, diese Tiefe, die alles charakterisieren, was von ihm kommt; daher auch diese immerwährende Spannung des Gemüts, in der wir bei Lesung desselben erhalten werden. Kein Dichter (Young etwa ausgenommen, der darin mehr fordert als er, aber ohne es, wie er tut, zu vergüten) dürfte sich weniger zum Liebling und zum Begleiter durchs Leben schicken als gerade Klopstock, der uns immer nur aus dem Leben herausführt, immer nur den Geist unter die Waffen ruft, ohne den Sinn mit der ruhigen Gegenwart eines Objekts zu erquicken. Keusch, überirdisch, unkörperlich, heilig wie seine Religion ist seine dichterische Muse, und man muß mit Bewunderung gestehen, daß er, wiewohl zuweilen in diesen Höhen verirret, doch niemals davon herabgesunken ist. Ich bekenne daher unverhohlen, daß mir für den Kopf desjenigen etwas bange ist, der wirklich und ohne Affektation diesen Dichter zu seinem Lieblingsbuche machen kann, zu einem Buche nämlich, bei dem man zu jeder Lage sich stimmen, zu dem man aus jeder Lage zurückkehren kann; auch, dächte ich, hätte man in Deutschland Früchte genug von seiner gefährlichen Herrschaft gesehen. Nur in gewissen exaltierten Stimmungen des Gemüts kann er gesucht und empfunden werden; deswegen ist er auch der Abgott der Jugend, obgleich bei weitem nicht ihre glücklichste Wahl. Die Jugend, die immer über das Leben hinausstrebt, die alle Form fliehet und jede Grenze zu enge findet, ergeht sich mit Liebe und Lust in den endlosen Räumen, die ihr von diesem Dichter aufgetan werden. Wenn dann der Jüngling Mann wird und aus dem Reiche der Ideen in die Grenzen der Erfahrung zurückkehrt, so verliert sich vieles, sehr vieles von jener enthusiastischen Liebe, aber nichts von der Achtung, die man einer so einzigen Erscheinung, einem so außerordentlichen Genius, einem so sehr veredelten Gefühl, die der Deutsche besonders einem so hohen Verdienste schuldig ist.

Ich nannte diesen Dichter vorzugsweise in der elegischen Gattung groß, und kaum wird es nötig sein, dieses Urteil noch besonders zu rechtfertigen. Fähig zu jeder Energie und Meister auf dem ganzen Felde sentimentalischer Dichtung, kann er uns bald durch das höchste Pathos erschüttern, bald in himmlisch süße Empfindungen wiegen; aber zu einer hohen, geistreichen Wehmut neigt sich doch überwiegend sein Herz; und wie erhaben auch seine

Harfe, seine Lyra tönt, so werden die schmelzenden Töne seiner Laute doch immer wahrer und tiefer und beweglicher klingen. Ich berufe mich auf jedes reingestimmte Gefühl, ob es nicht alles Kühne und Starke, alle Fiktionen *(Erdichtungen)*, alle prachtvollen Beschreibungen, alle Muster oratorischer Beredsamkeit im „Messias", alle schimmernden Gleichnisse, worin unser Dichter so vorzüglich glücklich ist, für die zarten Empfindungen hingeben würde, welche in der Elegie „An Ebert", in dem herrlichen Gedicht „Bardale", den „Frühen Gräbern", der „Sommernacht", dem „Zürcher See" und mehrern andern aus dieser Gattung atmen. So ist mir die Messiade als ein Schatz elegischer Gefühle und idealischer Schilderungen teuer, wie wenig sie mich auch als Darstellung einer Handlung und als ein episches Werk befriedigt.

Vielleicht sollte ich, ehe ich dieses Gebiet verlasse, auch noch an die Verdienste eines U z , D e n i s , G e ß n e r (in seinem „Tod Abels"), eines J a c o b i , v o n G e r s t e n b e r g , eines H ö l t y , v o n G ö c k i n g k und mehrerer andern in dieser Gattung erinnern, welche alle uns durch Ideen rühren und in der oben festgesetzten Bedeutung des Worts sentimentalisch gedichtet haben. Aber mein Zweck ist nicht, eine Geschichte der deutschen Dichtkunst zu schreiben, sondern das oben Gesagte durch einige Beispiele aus unserer Literatur klar zu machen. Die Verschiedenheit des Wegs wollte ich zeigen, auf welchem alte und moderne, naive und sentimentalische Dichter zu dem nämlichen Ziele gehen — daß, wenn uns jene durch Natur, Individualität und lebendige S i n n l i c h k e i t rühren, diese durch Ideen und hohe G e i s t i g k e i t eine eben so große, wenn gleich keine so ausgebreitete Macht über unser Gemüt beweisen.

An den bisherigen Beispielen hat man gesehen, wie der sentimentalische Dichtergeist einen natürlichen Stoff behandelt; man könnte aber auch interessiert sein zu wissen, wie der naive Dichtergeist mit einem sentimentalischen Stoff verfährt. Völlig neu und von einer ganz eigenen Schwierigkeit scheint diese Aufgabe zu sein, da in der alten und naiven Welt ein solcher S t o f f sich nicht vorfand, in der neuen aber der D i c h t e r dazu fehlen möchte. Dennoch hat sich das Genie auch diese Aufgabe gemacht und auf eine bewundernswürdig glückliche Weise aufgelöst. Ein Charakter, der mit glühender Empfindung ein Ideal umfaßt und die Wirklichkeit flieht, um nach einem wesenlosen Unendlichen zu ringen, der, was er in sich selbst unaufhörlich zerstört, unaufhörlich außer sich suchet, dem nur seine Träume das Reelle, seine Erfahrungen ewig nur Schranken sind, der endlich in seinem eigenen Dasein nur eine Schranke sieht und auch diese, wie billig ist, noch einreißt, um zu der wahren Realität durchzudringen — dieses gefährliche Extrem des sentimentalischen Charakters ist der Stoff eines Dichters geworden, in welchem die Natur getreuer und reiner als in irgend einem andern wirkt und der sich unter modernen Dichtern vielleicht am wenigsten von der sinnlichen Wahrheit der Dinge entfernt.

Es ist interessant zu sehen, mit welchem glücklichen Instinkt alles, was dem sentimentalischen Charakter Nahrung gibt, im „W e r t h e r" zusammengedrängt ist: schwärmerische, unglückliche Liebe, Empfindsamkeit für Natur, Religionsgefühle, philosophischer Kontemplationsgeist *(Geist der Versenkung),* endlich, um nichts zu vergessen, die düstere, gestaltlose, schwermütige Ossianische Welt. Rechnet man dazu, wie wenig empfehlend, ja, wie feindlich die Wirklichkeit dagegen gestellt ist und wie von außen her alles sich vereinigt, den Gequälten in seine Idealwelt zurückzudrängen, so sieht man keine Möglichkeit, wie ein solcher Charakter aus einem solchen Kreise sich hätte retten können. In dem „T a s s o" des nämlichen Dichters kehrt der nämliche Gegensatz, wiewohl in verschiedenen Charakteren, zurück; selbst in seinem neuen R o m a n (*„Wilhelm Meisters Lehrjahre", 1795*) stellt sich so wie in jenem ersten der poetisierende Geist dem nüchternen Gemeinsinn, das Ideale dem Wirklichen, die subjektive Vorstellungsweise der objektiven — aber mit welcher Verschiedenheit! entgegen; sogar im „F a u s t" treffen wir den nämlichen Gegensatz, freilich, wie auch der Stoff dies erforderte, auf beiden Seiten sehr vergröbert und materialisiert wieder an; es verlohnte wohl der Mühe, eine psychologische Entwicklung dieses in vier so verschiedene Arten spezifizierten Charakters zu versuchen.

Es ist oben bemerkt worden, daß die bloß leichte und joviale Gemütsart, wenn ihr nicht eine innere Ideenfülle zum Grund liegt, noch gar keinen Beruf zur scherzhaften Satire abgebe, so freigebig sie auch im gewöhnlichen Urteil dafür genommen wird; ebensowenig Beruf gibt die bloß zärtliche Weichmütigkeit und Schwermut zur elegischen Dichtung. Beiden fehlt zu dem wahren Dichtertalente das energische Prinzip, welches den Stoff beleben muß, um das wahrhaft Schöne zu erzeugen. Produkte dieser zärtlichen Gattung können uns daher bloß schmelzen und, ohne das Herz zu erquicken und den Geist zu beschäftigen, bloß der Sinnlichkeit schmeicheln. Ein fortgesetzter Hang zu dieser Empfindungsweise muß zuletzt notwendig den Charakter entnerven und in einen Zustand der Passivität versenken, aus welchem gar keine Realität, weder für das äußere noch innere Leben, hervorgehen kann. Man hat daher sehr Recht getan, jenes Übel der Empfindelei[18] und weinerliche Wesen, welches durch Mißdeutung und Nachäffung einiger vortrefflicher Werke vor etwa achtzehn Jahren in Deutschland überhand zu nehmen anfing, mit unerbittlichem Spott zu verfolgen, obgleich die Nachgiebigkeit, die man gegen das nicht viel bessere Gegenstück jener elegischen Karikatur, gegen das spaßhafte Wesen, gegen die herzlose Satire und die geistlose Laune[19] zu beweisen geneigt ist, deutlich genug an den Tag legt, daß nicht aus ganz reinen Gründen dagegen geeifert worden ist. Auf der Waage des echten Geschmacks kann das eine so wenig als das andere etwas gelten, weil beiden der ästhetische Gehalt fehlt, der nur in der innigen Verbindung des Geistes mit dem Stoff und in der vereinigten Beziehung eines Produktes auf das Gefühlsvermögen und auf das Ideenvermögen enthalten ist.

[18] „Der Hang", wie Herr Adelung sie definiert, „zu rührenden, sanften Empfindungen ohne vernünftige Absicht und über das gehörige Maß." — Herr Adelung ist sehr glücklich, daß er nur aus Absicht und gar nur aus vernünftiger Absicht empfindet.

[19] Man soll zwar gewissen Lesern ihr dürftiges Vergnügen nicht verkümmern, und was geht es zuletzt die Kritik an, wenn es Leute gibt, die sich an dem schmutzigen Witz des Herrn Blumauer erbauen und belustigen können. Aber die Kunstrichter wenigstens sollten sich enthalten, mit einer gewissen Achtung von Produkten zu sprechen, deren Existenz dem guten Geschmack billig ein Geheimnis bleiben sollte. Zwar ist weder Talent noch Laune darin zu verkennen, aber desto mehr ist zu beklagen, daß beides nicht mehr gereiniget ist. Ich sage nichts von unsern deutschen Komödien; die Dichter malen die Zeit, in der sie leben.

Über S i e g w a r t und seine Klostergeschichte *(verfaßt von J. M. Miller 1776)* hat man gespottet, und die „R e i s e n n a c h d e m m i t t ä g l i c h e n F r a n k r e i c h" *(verfaßt von M. A. von Thümmel 1791 ff.)* werden bewundert; dennoch haben beide Produkte gleich großen Anspruch auf einen gewissen Grad von Schätzung und gleich geringen auf ein unbedingtes Lob. Wahre, obgleich überspannte Empfindung macht den erstern Roman, ein leichter Humor und ein aufgeweckter, feiner Verstand macht den zweiten schätzbar; aber so wie es dem einen durchaus an der gehörigen Nüchternheit des Verstandes fehlt, so fehlt es dem andern an ästhetischer Würde. Der erste wird der Erfahrung gegenüber ein wenig lächerlich, der andre wird dem Ideale gegenüber beinahe verächtlich. Da nun das wahrhaft Schöne einerseits mit der Natur und andrerseits mit dem Ideale übereinstimmend sein muß, so kann der eine so wenig als der andre auf den Namen eines schönen Werkes Anspruch machen. Indessen ist es natürlich und billig, und ich weiß es aus eigener Erfahrung, daß der Thümmelische Roman mit großem Vergnügen gelesen wird. Da er nur solche Forderungen beleidigt, die aus dem Ideal entspringen, die folglich von dem größten Teil der Leser gar nicht und von dem bessern gerade nicht in solchen Momenten, wo man Romane liest, aufgeworfen werden, die übrigen Forderungen des Geistes und — des Körpers hingegen in nicht gemeinem Grade erfüllt, so muß er und wird mit Recht ein Lieblingsbuch unserer und aller der Zeiten bleiben, wo man ästhetische Werke bloß schreibt, um zu gefallen, und bloß liest, um sich ein Vergnügen zu machen.

Aber hat die poetische Literatur nicht sogar klassische Werke aufzuweisen, welche die hohe Reinheit des Ideals auf ähnliche Weise zu beleidigen und sich durch die Materialität ihres Inhalts von jener Geistigkeit, die hier von jedem ästhetischen Kunstwerk verlangt wird, sehr weit zu entfernen scheinen? Was selbst der Dichter, der keusche Jünger der Muse, sich erlauben darf, sollte das dem Romanschreiber, der nur sein Halbbruder ist und die Erde noch so sehr berührt, nicht gestattet sein? Ich darf dieser Frage hier um so weniger ausweichen, da sowohl im elegischen als im satirischen Fache Meisterstücke vorhanden sind, welche eine ganz andere Natur als diejenige ist, von der dieser Aufsatz spricht, zu suchen, zu empfehlen und dieselbe nicht sowohl gegen die schlechten als gegen die guten Sitten zu verteidigen das Ansehen haben. Entweder müßten also jene Dichterwerke zu verwerfen oder der hier aufgestellte Begriff elegischer Dichtung viel zu willkürlich angenommen sein.

Was der Dichter sich erlauben darf, hieß es, sollte dem prosaischen Erzähler nicht nachgesehen werden dürfen? Die Antwort ist in der Frage schon enthalten; was dem Dichter verstattet ist, kann für den, der es nicht ist, nichts beweisen. In dem Begriffe des Dichters selbst und nur in diesem liegt der Grund jener Freiheit, die eine bloß verächtliche Lizenz ist, sobald sie nicht aus dem Höchsten und Edelsten, was ihn ausmacht, kann abgeleitet werden.

Die Gesetze des Anstandes sind der unschuldigen Natur fremd; nur die Erfahrung der Verderbnis hat ihnen den Ursprung gegeben. Sobald aber jene Erfahrung einmal gemacht worden und aus den Sitten die natürliche Unschuld verschwunden ist, so sind es heilige Gesetze, die ein sittliches Gefühl nicht verletzen darf. Sie gelten in einer künstlichen Welt mit demselben Rechte, als die Gesetze der Natur in der Unschuldwelt regieren. Aber eben das macht ja den Dichter aus, daß er alles in sich aufhebt, was an eine künstliche Welt erinnert, daß er die Natur in ihrer ursprünglichen Einfalt wieder in sich herzustellen weiß. Hat er aber dieses getan, so ist er auch eben dadurch von allen Gesetzen losgesprochen, durch die ein verführtes Herz sich gegen sich selbst sicherstellt. Er ist rein, er ist unschuldig, und, was der unschuldigen Natur erlaubt ist, ist es auch ihm; bist du, der du ihn liesest oder hörst, nicht mehr schuldlos, und kannst du es nicht einmal momentweise durch seine reinigende Gegenwart werden, so ist es d e i n Unglück und nicht das seine; du verlässest ihn, er hat für dich nicht gesungen.

Es läßt sich also in Absicht auf Freiheiten dieser Art Folgendes festsetzen.

Fürs erste: nur die N a t u r kann sie rechtfertigen. Sie dürfen mithin nicht das Werk der Wahl und einer absichtlichen Nachahmung sein; denn dem Willen, der immer nach moralischen Gesetzen gerichtet wird, können wir eine Begünstigung der Sinnlichkeit niemals vergeben. Sie müssen also N a i v i t ä t sein. Um uns aber überzeugen zu können, daß sie dieses wirklich sind, müssen wir sie von allem übrigen, was gleichfalls in der Natur gegründet ist, unterstützt und begleitet sehen, weil die Natur nur an der strengen Konsequenz, Einheit und Gleichförmigkeit ihrer Wirkungen zu erkennen ist. Nur einem Herzen, welches alle Künstelei überhaupt und mithin auch da, wo sie nützt, verabscheut, erlauben wir, sich da, wo sie drückt und einschränkt, davon loszusprechen; nur einem Herzen, welches sich allen Fesseln der Natur unterwirft, erlauben wir, von den Freiheiten derselben Gebrauch zu machen. Alle übrigen Empfindungen eines solchen Menschen müssen folglich das Gepräge der Natürlichkeit an sich tragen; er muß wahr, einfach, frei, offen, gefühlvoll, gerade sein; alle Verstellung, alle List, alle Willkür, alle kleinliche Selbstsucht muß aus seinem Charakter, alle Spuren davon aus seinem Werke verbannt sein.

Fürs zweite: nur die s c h ö n e Natur kann dergleichen Freiheiten rechtfertigen. Sie dürfen mithin kein einseitiger Ausbruch der Begierde sein; denn alles, was aus bloßer Bedürftigkeit entspringt, ist verächtlich. Aus dem Ganzen und aus der Fülle menschlicher Natur müssen auch diese sinnlichen Energien hervorgehen. Sie müssen H u m a n i t ä t sein. Um aber beurteilen zu können, daß das Ganze menschlicher Natur und nicht bloß ein einseitiges und gemeines Bedürfnis der Sinnlichkeit sie fordert, müssen wir das Ganze, von dem sie einen einzelnen Zug ausmachen, dargestellt sehen. An sich selbst ist die sinnliche Empfindungsweise etwas Unschuldiges und Gleichgültiges. Sie mißfällt uns nur darum an einem Menschen, weil sie tierisch ist und von einem Mangel wahrer vollkommener Menschheit in ihm zeugt; sie beleidigt uns nur darum an einem Dichterwerk, weil ein solches Werk Anspruch macht, uns zu gefallen, mithin auch u n s eines solchen Mangels fähig hält. Sehen wir aber in dem Menschen, der sich dabei überraschen läßt, die Menschheit in ihrem ganzen übrigen Umfange wirken, finden wir in dem Werke, worin man sich Freiheiten dieser Art genommen, alle Realitäten der Menschheit ausgedrückt, so ist jener Grund unseres Mißfallens weggeräumt, und wir können uns mit unvergällter Freude an dem naiven Ausdruck wahrer und schöner Natur ergötzen. Derselbe Dichter also, der sich erlauben darf, uns zu Teilnehmern so niedrig menschlicher Gefühle zu machen, muß uns auf der andern Seite wieder zu allem, was groß und schön und erhaben menschlich ist, emporzutragen wissen.

Und so hätten wir denn den Maßstab gefunden, dem wir jeden Dichter, der sich etwas gegen den Anstand herausnimmt und seine Freiheit in Darstellung der Natur bis zu dieser Grenze treibt, mit Sicherheit unterwerfen können. Sein Produkt ist gemein, niedrig, ohne alle Ausnahme verwerflich, sobald es k a l t und sobald es l e e r ist, weil dieses einen Ursprung aus Absicht und aus einem gemeinen Bedürfnis und einen heillosen Anschlag auf unsre Begierden beweist. Es ist hingegen schön, edel und ohne Rücksicht auf alle Einwendungen einer frostigen Dezenz *(Anstandsforderung)* beifallswürdig, sobald es naiv ist und Geist mit Herz verbindet.[20]

Wenn man mir sagt, daß unter dem hier gegebenen Maßstab die meisten französischen Erzählungen in dieser Gattung und die glücklichsten Nachahmungen in Deutschland nicht zum besten bestehen möchten — daß dieses zum Teil auch der Fall mit manchen Produkten unsers anmutigsten und geistreichsten Dichters sein dürfte, seine Meisterstücke sogar nicht ausgenommen, so habe ich nichts darauf zu antworten. Der Ausspruch selbst ist nichts weniger als neu, und ich gebe hier nur die Gründe von einem Urteil an, welches längst schon von jedem feineren Gefühle über diese Gegenstände gefällt

---

[20] Mit H e r z : denn die bloß sinnliche Glut des Gemäldes und die üppige Fülle der Einbildungskraft machen es noch lange nicht aus. Daher bleibt „A r d i n g h e l l o" *(von J. J. W. Heinse, 1787)* bei aller sinnlichen Energie und allem Feuer des Kolorits immer nur eine sinnliche Karikatur ohne Wahrheit und ohne ästhetische Würde. Doch wird diese seltsame Produktion immer als ein Beispiel des beinahe poetischen Schwungs, den die b l o ß e B e g i e r zu nehmen fähig war, merkwürdig bleiben.

worden ist. Eben diese Prinzipien aber, welche in Rücksicht auf jene Schriften vielleicht allzu rigoristisch *(streng, unerbittlich)* scheinen, möchten in Rücksicht auf einige andere Werke vielleicht zu liberal befunden werden; denn ich leugne nicht, daß die nämlichen Gründe, aus welchen ich die verführerischen Gemälde des r ö m i s c h e n und d e u t s c h e n O v i d, so wie eines C r e b i l l o n, V o l t a i r e, M a r m o n t e l s (der sich einen moralischen Erzähler nennt), L a c l o s' und vieler andern einer Entschuldigung durchaus für unfähig halte, mich mit den Elegien des r ö m i s c h e n und d e u t s c h e n P r o p e r z, ja, selbst mit manchem verschrienen Produkt des D i d e r o t versöhnen; denn jene sind nur witzig, nur prosaisch, nur lüstern, diese sind poetisch, menschlich und naiv.[21]

IDYLLE

Es bleiben mir noch einige Worte über diese dritte Spezies sentimentalischer Dichtung zu sagen übrig, wenige Worte nur, denn eine ausführlichere Ent-

---

[21] Wenn ich den unsterblichen Verfasser des „Agathon", „Oberon" etc. *(nämlich Wieland)* in dieser Gesellschaft nenne, so muß ich ausdrücklich erklären, daß ich ihn keineswegs mit derselben verwechselt haben will. Seine Schilderungen, auch die bedenklichsten von dieser Seite, haben keine materielle Tendenz (wie sich ein neuerer etwas unbesonnener Kritiker vor kurzem zu sagen erlaubte); der Verfasser von „L i e b e u m L i e b e" und von so vielen andern naiven und genialischen Werken, in welchen allen sich eine schöne und edle Seele mit unverkennbaren Zügen abbildet, kann eine solche Tendenz gar nicht haben. Aber er scheint mir von dem ganz eigenen Unglück verfolgt zu sein, daß dergleichen Schilde-

___

rungen durch den Plan seiner Dichtungen notwendig gemacht werden. Der kalte Verstand, der den Plan entwarf, forderte sie ihm ab, und sein Gefühl scheint mir so weit entfernt, sie mit Vorliebe zu begünstigen, daß ich — in der Ausführung selbst immer noch den kalten Verstand zu erkennen glaube. Und gerade diese Kälte in der Darstellung ist ihnen in der Beurteilung schädlich, weil nur die naive Empfindung dergleichen Schilderungen ästhetisch sowohl als moralisch rechtfertigen kann. Ob es aber dem Dichter erlaubt ist, sich bei Entwerfung des Plans einer solchen Gefahr in der Ausführung auszusetzen, und ob überhaupt ein Plan poetisch heißen kann, der, ich will dieses einmal zugeben, nicht kann ausgeführt werden, ohne die keusche Empfindung des Dichters sowohl als seines Lesers zu empören und ohne beide bei Gegenständen verweilen zu machen, von denen ein veredeltes Gefühl sich so gern entfernt — dies ist es, was ich bezweisle und worüber ich gern ein verständiges Urteil hören möchte.

[22] Nochmals muß ich erinnern, daß die Satire, Elegie und Idylle, so wie sie hier als die drei einzig möglichen Arten sentimentalischer Poesie aufgestellt werden, mit den drei besondern Gedichtarten, welche man unter diesem Namen kennt, nichts gemein haben als die E m p f i n d u n g s w e i s e , welche sowohl jenen als diesen eigen ist. Daß es aber außerhalb den Grenzen naiver Dichtung nur diese dreifache Empfindungsweise und Dichtungsweise geben könne, folglich das Feld sentimentalischer Poesie durch diese Einteilung vollständig ausgemessen sei, läßt sich aus dem Begriff der letzteren leichthin deduzieren.

Die sentimentalische Dichtung nämlich unterscheidet sich dadurch von der naiven, daß sie den wirklichen Zustand, bei dem die letztere stehen bleibt, auf Ideen bezieht und Ideen auf die Wirklichkeit anwendet. Sie hat es daher immer, wie auch schon oben bemerkt worden ist, mit zwei streitenden Objekten, mit dem Ideale nämlich und mit der Erfahrung, zugleich zu tun, zwischen welchen sich weder mehr noch weniger als gerade die drei folgenden Verhältnisse denken lassen. Entweder ist es der W i d e r s p r u c h des wirklichen Zustandes, oder es ist die Ü b e r e i n s t i m m u n g desselben mit dem Ideal, welche vorzugsweise das Gemüt beschäftigt, oder dieses ist zwischen beiden geteilt. In dem ersten Falle wird es durch die Kraft des innern Streits, d u r c h d i e e n e r g i s c h e B e w e g u n g, in dem andern wird es durch die Harmonie des innern Lebens, d u r c h d i e e n e r g i s c h e R u h e, befriedigt, in dem dritten w e c h s e l t Streit mit Harmonie, wechselt Ruhe mit Bewegung. Dieser dreifache Empfindungszustand gibt drei verschiedene Dichtungsarten die Entstehung, denen die gebrauchten Benennungen S a t i r e, I d y l l e, E l e g i e vollkommen entsprechend sind, sobald man sich nur an die Stimmung erinnert, in welche die unter diesem Namen vorkommenden Gedichtarten das Gemüt versetzen, und von den Mitteln abstrahiert, wodurch sie dieselbe bewirken.

Wer daher hier noch fragen könnte, zu welcher von den drei Gattungen ich die Epopöe, den Roman, das Trauerspiel u. a. m. zähle, der würde mich ganz und gar nicht verstanden haben. Denn der Begriff dieser letztern als e i n z e l n e r G e d i c h t a r t e n wird entweder gar nicht oder doch nicht allein durch die Empfindungsweise bestimmt; vielmehr weiß man, daß solche in mehr als einer Empfindungsweise, folglich auch in mehrern der von mir aufgestellten Dichtungsarten können ausgeführt werden.

Schließlich bemerke ich hier noch, daß, wenn man die sentimentalische Poesie, wie billig, für eine echte Art (nicht bloß für eine Abart) und für eine Erweiterung der wahren Dichtkunst zu halten geneigt ist, in der Bestimmung der poetischen Arten, so wie überhaupt in der ganzen poetischen Gesetzgebung, welche noch immer einseitig auf die Observanz *(Beobachtung)* der alten und naiven Dichter gegründet wird, auch auf sie einige Rücksicht muß genommen werden. Der sentimentalische Dichter geht in zu wesentlichen Stücken von dem naiven ab,

Die poetische Darstellung unschuldiger und glücklicher Menschheit ist der allgemeine Begriff dieser Dichtungsart. Weil diese Unschuld und dieses Glück mit den künstlichen Verhältnissen der größern Sozietät *(Gesellschaft)* und mit einem gewissen Grad von Ausbildung und Verfeinerung unverträglich schienen, so haben die Dichter den Schauplatz der Idylle aus dem Gedränge des bürgerlichen Lebens heraus in den einfachen Hirtenstand verlegt und derselben ihre Stelle v o r d e m A n f a n g d e r K u l t u r in dem kindlichen Alter der Menschheit angewiesen. Man begreift aber wohl, daß diese Bestimmungen bloß zufällig sind, daß sie nicht als der Zweck der Idylle, bloß als das natürlichste Mittel zu demselben in Betrachtung kommen. Der Zweck selbst ist überall nur der, den Menschen im Stand der Unschuld, d. h. in einem Zustand der Harmonie und des Friedens mit sich selbst und von außen darzustellen.

Aber ein solcher Zustand findet nicht bloß vor dem Anfange der Kultur statt, sondern er ist es auch, den die Kultur, wenn sie überall nur eine bestimmte Tendenz haben soll, als ihr letztes Ziel beabsichtet. Die Idee dieses Zustandes allein und der Glaube an die mögliche Realität derselben kann den Menschen mit allen den Übeln versöhnen, denen er

---

als daß ihm die Formen, welche dieser eingeführt, überall ungezwungen anpassen könnten. Freilich ist es hier schwer, die Ausnahmen, welche die Verschiedenheit der Art erfordert, von den Ausflüchten, welche das Unvermögen sich erlaubt, immer richtig zu unterscheiden; aber so viel lehrt doch die Erfahrung, daß unter den Händen sentimentalischer Dichter (auch der vorzüglichsten) keine einzige Gedichtart ganz das geblieben ist, was sie bei den Alten gewesen, und daß unter den alten Namen öfters sehr neue Gattungen sind ausgeführt worden.

auf dem Wege der Kultur unterworfen ist, und, wäre sie bloß Schimäre *(Trugbild, Hirngespinst),* so würden die Klagen derer, welche die größere Sozietät und die Anbauung des Verstandes bloß als ein Übel verschreien und jenen verlassenen Stand der Natur für den wahren Zweck des Menschen ausgeben, vollkommen gegründet sein. Dem Menschen, der in der Kultur begriffen ist, liegt also unendlich viel daran, von der Ausführbarkeit jener Idee in der Sinnenwelt, von der möglichen Realität jenes Zustandes eine sinnliche Bekräftigung zu erhalten, und, da die wirkliche Erfahrung, weit entfernt diesen Glauben zu nähren, ihn vielmehr beständig widerlegt, so kömmt auch hier wie in so vielen andern Fällen das Dichtungsvermögen der Vernunft zu Hilfe, um jene Idee zur Anschauung zu bringen und in einem einzelnen Fall zu verwirklichen.

Zwar ist auch jene Unschuld des Hirtenstandes eine poetische Vorstellung, und die Einbildungskraft mußte sich mithin auch dort schon schöpferisch beweisen; aber außerdem, daß die Aufgabe dort ungleich einfacher und leichter zu lösen war, so fanden sich in der Erfahrung selbst schon die einzelnen Züge vor, die sie nur auszuwählen und in ein Ganzes zu verbinden brauchte. Unter einem glücklichen Himmel, in den einfachen Verhältnissen des ersten Standes, bei einem beschränkten Wissen wird die Natur leicht befriedigt, und der Mensch verwildert nicht eher, als bis das Bedürfnis ihn ängstiget. Alle Völker, die eine Geschichte haben, haben ein Paradies, einen Stand der Unschuld, ein goldnes Alter; ja jeder einzelne Mensch hat sein Paradies, sein goldnes Alter, dessen er sich, je nachdem er mehr oder weniger Poetisches in seiner Natur hat, mit mehr oder weniger Begeisterung erinnert. Die Erfahrung selbst bietet also Züge genug zu dem Gemälde dar, welches die Hirtenidylle behandelt. Deswegen bleibt aber diese immer eine schöne, eine erhebende Fiktion, und die Dichtungskraft hat in Darstellung derselben wirklich für das Ideal gearbeitet. Denn für den Menschen, der von der Einfalt der Natur einmal abgewichen und der gefährlichen Führung seiner Vernunft überliefert worden ist, ist es von unendlicher Wichtigkeit, die Gesetzgebung der Natur in einem reinen Exemplar wieder anzuschauen und sich von den Verderbnissen der Kunst in diesem treuen Spiegel wieder reinigen zu können. Aber ein Umstand findet sich dabei, der den ästhetischen Wert solcher Dichtungen um sehr viel vermindert. V o r d e m A n f a n g d e r K u l t u r gepflanzt, schließen sie mit den Nachteilen zugleich alle Vorteile derselben aus und befinden sich ihrem Wesen nach in einem notwendigen Streit mit derselben. Sie führen uns also t h e o r e t i s c h rückwärts, indem sie uns p r a k t i s c h vorwärts führen und veredeln. Sie stellen unglücklicherweise das Ziel h i n t e r uns, dem sie uns doch e n t g e g e n f ü h r e n sollten, und können uns daher bloß das traurige Gefühl eines Verlustes, nicht das fröhliche der Hoffnung, einflößen. Weil sie nur durch Aufhebung aller Kunst und nur durch Vereinfachung der menschlichen Natur ihren Zweck ausführen, so haben sie bei dem höchsten Gehalt für das H e r z allzuwenig für den G e i s t, und ihr einförmiger Kreis ist zu schnell geendigt. Wir können sie daher nur lieben und aufsuchen, wenn wir der Ruhe bedürftig sind, nicht wenn unsre Kräfte nach Bewegung und Tätigkeit streben. Sie können nur dem kranken Gemüte H e i l u n g, dem gesunden keine N a h r u n g geben; sie können nicht beleben, nur besänftigen. Diesen in dem Wesen der

Hirtenidylle gegründeten Mangel hat alle Kunst der Poeten nicht gut machen können. Zwar fehlt es auch dieser Dichtart nicht an enthusiastischen Liebhabern, und es gibt Leser genug, die einen „A m y n t a s" *(von Tasso, 1573)* und einen „D a p h n i s" *(Hirtenroman des Longos)* den größten Meisterstücken der epischen und dramatischen Muse vorziehen können; aber bei solchen Lesern ist es nicht sowohl der Geschmack als das individuelle Bedürfnis, was über Kunstwerke richtet, und ihr Urteil kann folglich hier in keine Betrachtung kommen. Der Leser von Geist und Empfindung verkennt zwar den Wert solcher Dichtungen nicht, aber er fühlt sich seltner zu denselben gezogen und früher davon gesättigt. In dem rechten Moment des Bedürfnisses wirken sie dafür desto mächtiger; aber auf einen solchen Moment soll das wahre Schöne niemals zu warten brauchen, sondern ihn vielmehr erzeugen.

Was ich hier an der Schäferidylle tadle, gilt übrigens nur von der sentimentalischen; denn dem naiven kann es nie an Gehalt fehlen, da er hier i n d e r F o r m s e l b s t schon enthalten ist. Jede Poesie nämlich muß einen unendlichen Gehalt haben, dadurch allein ist sie Poesie; aber sie kann diese Forderung auf zwei verschiedene Arten erfüllen. Sie kann ein Unendliches sein der Form nach, wenn sie ihren Gegenstand mit a l l e n s e i n e n G r e n z e n darstellt, wenn sie ihn individualisiert; sie kann ein Unendliches sein der Materie nach, wenn sie von ihrem Gegenstand a l l e G r e n z e n e n t f e r n t, wenn sie ihn idealisiert, also entweder durch eine absolute Darstellung oder durch Darstellung eines Absoluten. Den ersten Weg geht der Naive, den zweiten der sentimentalische Dichter. Jener kann also seinen Gehalt nicht ver-

fehlen, sobald er sich nur treu an die Natur hält,
welche immer durchgängig begrenzt, d. h. der Form
nach unendlich ist. Diesem hingegen steht die Natur
mit ihrer durchgängigen Begrenzung im Wege, da
er einen absoluten Gehalt in den Gegenstand legen
soll. Der sentimentalische Dichter versteht sich also
nicht gut auf seinen Vorteil, wenn er dem naiven
Dichter seine G e g e n s t ä n d e   a b b o r g t ,
welche an sich selbst völlig gleichgültig sind und nur
durch die Behandlung poetisch werden. Er setzt sich
dadurch ganz unnötigerweise einerlei Grenzen mit
jenem, ohne doch die Begrenzung vollkommen
durchführen und in der absoluten Bestimmtheit der
Darstellung mit demselben wetteifern zu können;
er sollte sich also vielmehr gerade in dem Gegenstand von dem naiven Dichter entfernen, weil er
diesem, was derselbe in der Form vor ihm voraus
hat, nur durch den Gegenstand wieder abgewinnen
kann.

Um hievon die Anwendung auf die Schäferidylle
der sentimentalischen Dichter zu machen, so erklärt
es sich nun, warum diese Dichtungen bei allem Auf-
wand von Genie und Kunst weder für das Herz
noch für den Geist völlig befriedigend sind. Sie
haben ein Ideal ausgeführt und doch die enge dürf-
tige Hirtenwelt beibehalten, da sie doch schlechterdings entweder für das Ideal eine andere Welt oder
für die Hirtenwelt eine andere Darstellung hätten
wählen sollen. Sie sind gerade so weit ideal, daß die
Darstellung dadurch an individueller Wahrheit verliert, und sind wieder gerade um so viel individuell,
daß der idealische Gehalt darunter leidet. Ein
G e ß n e r i s c h e r Hirte z. B. kann uns nicht als
Natur, nicht durch Wahrheit der Nachahmung ent-
zücken, denn dazu ist er ein zu ideales Wesen;
ebenso wenig kann er uns als ein Ideal durch das

Unendliche des Gedankens befriedigen, denn dazu ist er ein viel zu dürftiges Geschöpf. Er wird also zwar bis auf einen gewissen Punkt allen Klassen von Lesern ohne Ausnahme gefallen, weil er das Naive mit dem Sentimentalen zu vereinigen strebt und folglich den zwei entgegengesetzten Forderungen, die an ein Gedicht gemacht werden können, in einem gewissen Grade Genüge leistet; weil aber der Dichter über der Bemühung, beides zu vereinigen, keinem von beiden sein volles Recht erweist, weder ganz Natur noch ganz Ideal ist, so kann er eben deswegen vor einem strengen Geschmack nicht ganz bestehen, der in ästhetischen Dingen nichts Halbes verzeihen kann. Es ist sonderbar, daß diese Halbheit sich auch bis auf die Sprache des genannten Dichters erstreckt, die zwischen Poesie und Prosa unentschieden schwankt, als fürchtete der Dichter, in gebundener Rede sich von der wirklichen Natur zu weit zu entfernen und in ungebundener den poetischen Schwung zu verlieren. Eine höhere Befriedigung gewährt Miltons herrliche Darstellung des ersten Menschenpaares und des Standes der Unschuld im Paradiese; die schönste mir bekannte Idylle in der sentimentalischen Gattung. Hier ist die Natur edel, geistreich, zugleich voll Fläche und voll Tiefe; der höchste Gehalt der Menschheit ist in die anmutigste Form eingekleidet.

Also auch hier in der Idylle, wie in allen andern poetischen Gattungen, muß man einmal für allemal zwischen der Individualität und der Idealität eine Wahl treffen; denn beiden Forderungen zugleich Genüge leisten wollen, ist, solange man nicht am Ziel der Vollkommenheit stehet, der sicherste Weg, beide zugleich zu verfehlen. Fühlt sich der Moderne griechischen Geistes genug, um bei aller Widerspenstigkeit seines Stoffs mit den Griechen auf ihrem eigenen Felde, nämlich im Felde naiver Dichtung, zu ringen, so tue er es ganz und tue es ausschließlich und setze sich über jede Forderung des sentimentalischen Zeitgeschmacks hinweg. Erreichen zwar dürfte er seine Muster schwerlich; zwischen dem Original und dem glücklichsten Nachahmer wird immer eine merkliche Distanz offen bleiben; aber er ist auf diesem Wege doch gewiß, ein echt poetisches Werk zu erzeugen.[23] Treibt ihn hingegen der sentimentalische Dichtungstrieb zum Ideale, so verfolge er auch dieses ganz in völliger Reinheit, und stehe nicht eher als bei dem Höchsten stille, ohne hinter sich zu schauen, ob auch die Wirklichkeit ihm nachkommen möchte. Er verschmähe den unwürdigen Ausweg, den Gehalt des Ideals zu verschlechtern, um es der menschlichen Bedürftigkeit anzupassen, und den Geist auszuschließen, um mit dem Herzen ein leichteres Spiel zu haben. Er führe uns nicht rückwärts in unsre Kindheit, um uns mit den kostbarsten Erwerbungen des Verstandes die Ruhe erkaufen zu lassen, die nicht länger dauern kann als der Schlaf unsrer Geisteskräfte, sondern führe

[23] Mit einem solchen Werke hat Herr V o ß noch kürzlich in seiner „L u i s e" unsre deutsche Literatur nicht bloß bereichert, sondern auch wahrhaft erweitert. Diese Idylle, obgleich nicht durchaus von sentimentalischen Einflüssen frei, gehört ganz zum naiven Geschlecht und ringt durch individuelle Wahrheit und gediegene Natur den besten griechischen Mustern mit seltnem Erfolge nach. Sie kann daher, was ihr zu hohem Ruhm gereicht, mit keinem modernen Gedicht aus ihrem Fache, sondern muß mit griechischen Mustern verglichen werden, mit welchen sie auch den so seltenen Vorzug teilt, uns einen reinen, bestimmten und immer gleichen Genuß zu gewähren.

uns vorwärts zu unsrer Mündigkeit, um uns die höhere Harmonie zu empfinden zu geben, die den Kämpfer belohnet, die den Überwinder beglückt. Er mache sich die Aufgabe einer Idylle, welche jene Hirtenunschuld auch in Subjekten der Kultur und unter allen Bedingungen des rüstigsten, feurigsten Lebens, des ausgebreitetsten Denkens, der raffiniertesten Kunst, der höchsten gesellschaftlichen Verfeinerung ausführt, welche mit einem Wort den Menschen, der nun einmal nicht mehr nach A r k a d i e n *(Landschaft auf dem Peloponnes, von einfachen Hirten bewohnt)* zurück kann, bis nach E l y s i u m *(Gefilde der Seligen)* führt.

Der Begriff dieser Idylle ist der Begriff eines völlig aufgelösten Kampfes sowohl in dem einzelnen Menschen als in der Gesellschaft, einer freien Vereinigung der Neigungen mit dem Gesetze, einer zur höchsten sittlichen Würde hinaufgeläuterten Natur, kurz, er ist kein anderer, als das Ideal der Schönheit, auf das wirkliche Leben angewendet. Ihr Charakter besteht also darin, daß a l l e r G e g e n s a t z d e r W i r k l i c h k e i t m i t d e m I d e a l e, der den Stoff zu der satirischen und elegischen Dichtung hergegeben hatte, vollkommen aufgehoben sei, und mit demselben auch aller Streit der Empfindungen aufhöre. R u h e wäre also der herrschende Eindruck dieser Dichtungsart, aber Ruhe der Vollendung, nicht der Trägheit; eine Ruhe, die aus dem Gleichgewicht, nicht aus dem Stillstand der Kräfte, die aus der Fülle, nicht aus der Leerheit fließt und von dem Gefühl eines unendlichen Vermögens begleitet wird. Aber eben darum, weil aller Widerstand hinwegfällt, so wird es hier ungleich schwieriger als in den zwei vorigen Dichtungsarten, die B e w e g u n g hervorzubringen, ohne welche doch überall keine poetische Wir-

kung sich denken läßt. Die höchste Einheit muß
sein, aber sie darf der Mannigfaltigkeit nichts nehmen; das Gemüt muß befriedigt werden, aber ohne
daß das Streben darum aufhöre. Die Auflösung dieser Frage ist es eigentlich, was die Theorie der
Idylle zu leisten hat.

Über das Verhältnis beider Dichtungsarten zueinander und zu dem poetischen Ideale ist folgendes
festgesetzt worden.

Dem naiven Dichter hat die Natur die Gunst
erzeigt, immer als eine ungeteilte Einheit zu wirken, in jedem Moment ein selbständiges und vollendetes Ganze zu sein und die Menschheit ihrem
vollen Gehalte nach in der Wirklichkeit darzustellen. Dem sentimentalischen hat sie die Macht verliehen oder vielmehr einen lebendigen Trieb ein-
geprägt, jene Einheit, die durch Abstraktion in ihm
aufgehoben worden, aus sich selbst wieder herzustellen, die Menschheit in sich vollständig zu machen und aus einem beschränkten Zustand zu einem
unendlichen überzugehen.[24] Der menschlichen Natur

---

[24] Für den wissenschaftlich prüfenden Leser bemerke
ich, daß beide Empfindungsweisen, in ihrem höchsten Begriff gedacht, sich wie die erste und dritte Kategorie
(*Stammbegriff*) zueinander verhalten, indem die letztere
immer dadurch entsteht, daß man die erstere mit ihrem
geraden Gegenteil verbindet. Das Gegenteil der naiven
Empfindung ist nämlich der reflektierende Verstand, und
die sentimentalische Stimmung ist das Resultat des Be-
strebens, a u c h u n t e r d e n B e d i n g u n g e n d e r
R e f l e x i o n die naive Empfindung dem Inhalt nach
wiederherzustellen. Dies würde durch das erfüllte Ideal
geschehen, in welchem die Kunst der Natur wieder
begegnet. Geht man jene drei Begriffe nach den Kategorien durch, so wird man die N a t u r und die ihr ent-
sprechende naive Stimmung immer in der ersten, die
K u n s t als Aufhebung der Natur durch den frei wir-

ihren völligen Ausdruck zu geben, ist aber die gemeinschaftliche Aufgabe beider, und ohne das würden sie gar nicht Dichter heißen können; aber der naive Dichter hat vor dem sentimentalischen immer die sinnliche Realität voraus, indem er dasjenige als eine wirkliche Tatsache ausführt, was der andere nur zu erreichen strebt. Und das ist es auch, was jeder bei sich erfährt, wenn er sich beim Genusse naiver Dichtungen beobachtet. Er fühlt alle Kräfte seiner Menschheit in einem solchen Augenblick tätig, er bedarf nichts, er ist ein Ganzes in sich selbst; ohne etwas in seinem Gefühl zu unterscheiden, freut er sich zugleich seiner geistigen Tätigkeit und seines sinnlichen Lebens. Eine ganz andre Stimmung ist es, in die ihn der sentimentalische Dichter versetzt. Hier fühlt er bloß einen lebendigen T r i e b , die Harmonie in sich zu erzeugen, welche er dort wirklich empfand, ein Ganzes aus sich zu machen, die Menschheit in sich zu einem vollendeten Ausdruck zu bringen. Daher ist hier das Gemüt in Bewegung, es ist angespannt, es schwankt zwischen streitenden Gefühlen, da es dort ruhig, aufgelöst, einig mit sich selbst und vollkommen befriedigt ist.

Aber wenn es der naive Dichter dem sentimentalischen auf der einen Seite an Realität abgewinnt und dasjenige zur wirklichen Existenz bringt, wornach dieser nur einen lebendigen Trieb erwecken

---

kenden Verstand immer in der zweiten, endlich das I d e a l , in welchem die vollendete Kunst zur Natur zurückkehrt, in der dritten Kategorie antreffen.

(Anm. d. Hrsg.: Die „Kategorienlehre" wurde durch Aristoteles begründet, dessen 10 Kategorien von der Scholastik auf 6, von Descartes und Locke auf 3 — Substanz, Zustand=Modus, Relation — reduziert wurden; Kants „Kategorientafel" nennt 12 Kategorien in 4 Dreiergruppen.)

kann, so hat letzterer wieder den großen Vorteil über den ersteren, daß er dem Trieb einen g r ö ß e r n G e g e n s t a n d zu geben imstand ist, als jener geleistet hat und leisten konnte. Alle Wirklichkeit, wissen wir, bleibt hinter dem Ideale zurück; alles Existierende hat seine Schranken, aber der Gedanke ist grenzenlos. Durch diese Einschränkung, der alles Sinnliche unterworfen ist, leidet also auch der naive Dichter, da hingegen die unbedingte Freiheit des Ideenvermögens dem sentimentalischen zustatten kommt. Jener erfüllt zwar also seine Aufgabe, aber die Aufgabe selbst ist etwas Begrenztes; dieser erfüllt zwar die seinige nicht ganz, aber die Aufgabe ist ein Unendliches. Auch hierüber kann einen jeden seine eigene Erfahrung belehren. Von dem naiven Dichter wendet man sich mit Leichtigkeit und Lust zu der lebendigen Gegenwart; der sentimentalische wird immer auf einige Augenblicke für das wirkliche Leben verstimmen. Das macht, unser Gemüt ist hier durch das Unendliche der Idee gleichsam über seinen natürlichen Durchmesser ausgedehnt worden, daß nichts Vorhandenes es mehr ausfüllen kann. Wir versinken lieber betrachtend in uns selbst, wo wir für den aufgeregten Trieb in der Ideenwelt Nahrung finden, anstatt daß wir dort aus uns heraus nach sinnlichen Gegenständen streben. Die sentimentalische Dichtung ist die Geburt der Abgezogenheit und Stille, und dazu ladet sie auch ein; die naive ist das Kind des Lebens, und in das Leben führt sie auch zurück.

Ich habe die naive Dichtung eine G u n s t d e r N a t u r genannt, um zu erinnern, daß die Reflexion keinen Anteil daran habe. Ein glücklicher Wurf ist sie, keiner Verbesserung bedürftig, wenn er gelingt, aber auch keiner fähig, wenn er verfehlt wird. In der Empfindung ist das ganze Werk des naiven Genies absolviert: hier liegt seine Stärke und seine Grenze. Hat es also nicht gleich dichterisch, das heißt, nicht gleich vollkommen menschlich e m p f u n d e n , so kann dieser Mangel durch keine Kunst mehr nachgeholt werden. Die Kritik kann ihm nur zu einer Einsicht des Fehlers verhelfen, aber sie kann keine Schönheit an dessen Stelle setzen. Durch seine Natur muß das naive Genie alles tun, durch seine Freiheit vermag es wenig; und es wird seinen Begriff erfüllen, sobald nur die Natur in ihm nach einer innern Notwendigkeit wirkt. Nun ist zwar alles notwendig, was durch Natur geschieht, und das ist auch jedes noch so verunglückte Produkt des naiven Genies, von welchem nichts mehr entfernt ist als Willkürlichkeit; aber ein andres ist die Nötigung des Augenblicks, ein andres die innere Notwendigkeit des Ganzen. Als ein Ganzes betrachtet, ist die Natur selbständig und unendlich; in jeder einzelnen Wirkung hingegen ist sie bedürftig und beschränkt. Dieses gilt daher auch von der Natur des Dichters. Auch der glücklichste Moment, in welchem sich derselbe befinden mag, ist von einem vorhergehenden abhängig; es kann ihm daher auch nur eine bedingte Notwendigkeit beigelegt werden. Nun ergeht aber die Aufgabe an den Dichter, einen einzelnen Zustand dem menschlichen Ganzen gleich zu machen, folglich ihn absolut und notwendig auf sich selbst zu gründen. Aus dem Moment der Begeisterung muß also jede Spur eines zeitlichen Bedürfnisses entfernt bleiben, und der Gegenstand selbst, so beschränkt er auch sei, darf den Dichter nicht beschränken. Man begreift wohl, daß dieses nur insofern möglich ist, als der Dichter schon eine absolute Freiheit und Fülle des Vermögens zu dem Gegenstande mitbringt und als er geübt ist, alles mit seiner ganzen Menschheit zu umfassen. Diese Übung kann er aber nur durch die Welt erhalten, in der er lebt und von der er unmittelbar berührt wird. Das naive Genie steht also in einer Abhängigkeit von der Erfahrung, welche das sentimentalische nicht kennt. Dieses, wissen wir, fängt seine Operation erst da an, wo jenes die seinige beschließt; seine Stärke besteht darin, einen mangelhaften Gegenstand a u s s i c h s e l b s t h e r a u s zu ergänzen und sich durch eigene Macht aus einem begrenzten Zustand in einen Zustand der Freiheit zu versetzen. Das naive Dichtergenie bedarf also eines Beistandes von außen, da das sentimentalische sich aus sich selbst nährt und reinigt; es muß eine formreiche Natur, eine dichterische Welt, eine naive Menschheit um sich her erblicken, da es schon in der Sinnenempfindung sein Werk zu vollenden hat. Fehlt ihm nun dieser Beistand von außen, sieht es sich von einem geistlosen Stoff umgeben, so kann nur zweierlei geschehen. Es tritt entweder, wenn die Gattung bei ihm überwiegend ist, aus seiner A r t und wird sentimentalisch, um nur dichterisch zu sein, oder, wenn der Artcharakter die Obermacht behält, es tritt aus seiner G a t t u n g und wird gemeine Natur, um nur Natur zu bleiben. Das erste dürfte der Fall mit den vornehmsten sentimentalischen Dichtern in der alten römischen Welt und in neuern Zeiten sein. In einem andern Weltalter geboren, unter einen andern Himmel verpflanzt, würden sie, die uns jetzt durch Ideen rühren, durch individuelle Wahrheit und naive Schönheit bezaubert haben. Vor dem z w e i t e n möchte sich schwerlich ein Dichter vollkommen schützen können, der in einer gemeinen Welt die Natur nicht verlassen kann.

Die w i r k l i c h e N a t u r nämlich; aber von dieser kann die w a h r e Natur, die das S u b j e k t naiver Dichtungen ist, nicht sorgfältig genug unterschieden werden. Wirkliche Natur existiert überall, aber wahre Natur ist desto seltener; denn dazu gehört eine innere Notwendigkeit des Daseins. Wirkliche Natur ist jeder noch so gemeine Ausbruch der Leidenschaft, er mag auch wahre Natur sein, aber eine wahre m e n s c h l i c h e ist er nicht; denn diese erfordert einen Anteil des selbständigen Vermögens an jeder Äußerung, dessen Ausdruck jedesmal Würde ist. Wirkliche menschliche Natur ist jede moralische Niederträchtigkeit, aber wahre menschliche Natur ist sie hoffentlich nicht; denn diese kann nie anders als edel sein. Es ist nicht zu übersehen, zu welchen Abgeschmacktheiten diese Verwechslung wirklicher Natur mit wahrer menschlicher Natur in der Kritik wie in der Ausübung verleitet hat, welche Trivialitäten *(Plattheiten)* man in der Poesie gestattet, ja lobpreist, weil sie, leider! wirkliche Natur sind, wie man sich freuet, Karikaturen, die einen schon aus der wirklichen Welt herausängstigen, in der dichterischen sorgfältig aufbewahrt und nach dem Leben konterfeit zu sehen. Freilich darf der Dichter auch die schlechte Natur nachahmen, und bei dem satirischen bringt dieses ja der Begriff schon mit sich; aber in diesem Falle muß seine eigne schöne Natur den Gegenstand ü b e r t r a g e n und der gemeine Stoff den Nachahmer nicht mit sich zu Boden ziehen. Ist nur er selbst, in dem Moment wenigstens, wo er schildert, wahre menschliche Natur, so hat es nichts zu sagen, was er uns schildert; aber auch schlechterdings nur von einem solchen können wir ein treues Gemälde der Wirklichkeit vertragen. Wehe uns Lesern, wenn die Fratze sich in der Fratze spiegelt, wenn die Geißel der Satire in die Hände desjenigen fällt, den die Natur eine viel ernstlichere Peitsche zu führen bestimmte, wenn

Menschen, die, entblößt von allem, was man poetischen Geist nennt, nur das Affentalent gemeiner Nachahmung besitzen, es auf Kosten unseres Geschmacks greulich und schrecklich üben!

Aber selbst dem wahrhaft naiven Dichter, sagte ich, kann die gemeine Natur gefährlich werden; denn endlich ist jene schöne Zusammenstimmung zwischen Empfinden und Denken, welche den Charakter desselben ausmacht, doch nur eine I d e e, die in der Wirklichkeit nie ganz erreicht wird; und auch bei den glücklichsten Genies aus dieser Klasse wird die Empfänglichkeit die Selbsttätigkeit immer um etwas überwiegen. Die Empfänglichkeit aber ist immer mehr oder weniger von dem äußern Eindruck abhängig, und nur eine anhaltende Regsamkeit des produktiven Vermögens, welche von der menschlichen Natur nicht zu erwarten ist, würde verhindern können, daß der Stoff nicht zuweilen eine blinde Gewalt über die Empfänglichkeit ausübt. So oft aber dies der Fall ist, wird aus einem dichterischen Gefühl ein gemeines.[25]

---

[25] Wie sehr der naive Dichter von seinem Objekt abhänge und wie viel, ja, wie alles auf sein Empfinden ankomme, darüber kann uns die alte Dichtkunst die besten Belege geben. So weit die Natur in ihnen und außer ihnen schön ist, sind es auch die Dichtungen der Alten; wird hingegen die Natur gemein, so ist auch der Geist aus ihren Dichtungen gewichen. Jeder Leser von feinem Gefühl muß z. B. bei ihren Schilderungen der weiblichen Natur, des Verhältnisses zwischen beiden Geschlechtern und der Liebe insbesondere eine gewisse Leerheit und einen Überdruß empfinden, den alle Wahrheit und Naivität in der Darstellung nicht verbannen kann. Ohne der Schwärmerei das Wort zu reden, welche freilich die Natur nicht veredelt, sondern verläßt, wird man hoffentlich annehmen dürfen, daß die Natur in Rücksicht auf

Kein Genie aus der naiven Klasse, von Homer bis auf Bodmer herab, hat diese Klippe ganz vermieden; aber freilich ist sie denen am gefährlichsten, die sich einer gemeinen Natur von außen zu erwehren haben oder die durch Mangel an Disziplin von innen verwildert sind. Jenes ist schuld, daß selbst gebildete Schriftsteller nicht immer von Plattheiten frei bleiben, und dieses verhinderte schon manches herrliche Talent, sich des Platzes zu

jenes Verhältnis der Geschlechter und den Affekt der Liebe eines edlern Charakters fähig ist, als ihr die Alten gegeben haben; auch kennt man die zufälligen Umstände, welche der Veredlung jener Empfindungen bei ihnen im Wege standen. Daß es Beschränktheit, nicht innere Notwendigkeit war, was die Alten hierin auf einer niedrigern Stufe festhielt, lehrt das Beispiel neuerer Poeten, welche so viel weiter gegangen sind als ihre Vorgänger, ohne doch die Natur zu übertreten. Die Rede ist hier nicht von dem, was sentimentalische Dichter aus diesem Gegenstande zu machen gewußt haben: denn diese gehen über die Natur hinaus in das Idealische, und ihr Beispiel kann also gegen die Alten nichts beweisen; bloß davon ist die Rede, wie der nämliche Gegenstand von wahrhaft naiven Dichtern, wie er z. B. in der „Sakontala" *(Schauspiel des indischen Dichters Kalidasa),* in den Minnesängern, in manchen Ritterromanen und Ritterepopöen, wie er von Shakespeare, von Fielding und mehreren andern, selbst deutschen Poeten behandelt ist. Hier wäre nun für die Alten der Fall gewesen, einen von außen zu rohen Stoff von innen heraus durch das Subjekt zu vergeistigen, den poetischen Gehalt, der der äußern Empfindung gemangelt hatte, durch Reflexion nachzuholen, die Natur durch die Idee zu ergänzen, mit einem Wort, durch eine sentimentalische Operation aus einem beschränkten Objekt ein unendliches zu machen. Aber es waren naive, nicht sentimentalische Dichtergenies; ihr Werk war also mit der äußern Empfindung geendigt.

bemächtigen, zu dem die Natur es berufen hatte. Der Komödiendichter, dessen Genie sich am meisten von dem wirklichen Leben nährt, ist eben daher auch am meisten der Plattheit ausgesetzt, wie auch das Beispiel des A r i s t o p h a n e s und P l a u t u s und fast aller der späteren Dichter lehret, die in die Fußtapfen derselben getreten sind. Wie tief läßt uns nicht der erhabene S h a k e s p e a r e zuweilen sinken, mit welchen Trivialitäten quälen uns nicht L o p e d e V e g a , M o l i è r e , R e g n a r d , G o l d o n i , in welchen Schlamm zieht uns nicht H o l b e r g hinab, S c h l e g e l , einer der geistreichsten Dichter unsers Vaterlands, an dessen Genie es nicht lag, daß er nicht unter den ersten in dieser Gattung glänzt, G e l l e r t , ein wahrhaft naiver Dichter, sowie auch R a b e n e r , L e s s i n g selbst, wenn ich ihn anders hier nennen darf, Lessing, der gebildete Zögling der Kritik und ein so wachsamer Richter seiner selbst — wie büßen sie nicht alle, mehr oder weniger, den geistlosen Charakter der Natur, die sie zum Stoff ihrer Satire erwählten. Von den n e u e s t e n Schriftstellern in dieser Gattung nenne ich keinen, da ich keinen ausnehmen kann.

Und nicht genug, daß der naive Dichtergeist in Gefahr ist, sich einer gemeinen Wirklichkeit allzusehr zu nähern — durch die Leichtigkeit, mit der er sich äußert, und durch eben diese größere Annäherung an das wirkliche Leben macht er noch dem gemeinen Nachahmer Mut, sich im poetischen Felde zu versuchen. Die sentimentalische Poesie, wiewohl von einer andern Seite gefährlich genug, wie ich hernach zeigen werde, hält wenigstens d i e s e s Volk in Entfernung, weil es nicht jedermanns Sache ist, sich zu Ideen zu erheben; die naive Poesie aber bringt es auf den Glauben, als wenn schon die

bloße Empfindung, der bloße Humor, die bloße
Nachahmung wirklicher Natur den Dichter ausmache. Nichts aber ist widerwärtiger, als wenn der
platte Charakter sich einfallen läßt, liebenswürdig
und naiv sein zu wollen — er, der sich in alle Hül-
len der Kunst stecken sollte, um seine ekelhafte
Natur zu verbergen. Daher denn auch die unsäg-
lichen Platitüden *(Seichtheiten)*, welche sich die
Deutschen unter dem Titel von naiven und scherzhaften Liedern vorsingen lassen und an denen sie
sich bei einer wohlbesetzten Tafel ganz unendlich
zu belustigen pflegen. Unter dem Freibrief der
Laune, der Empfindung duldet man diese Armselig-
keiten — aber einer Laune, einer Empfindung, die
man nicht sorgfältig genug verbannen kann. Die
Musen an der P l e i ß e bilden hier besonders einen
eigenen kläglichen Chor, und ihnen wird von den
Kamönen *(Musen)* an der L e i n e und E l b e in
nicht bessern Akkorden geantwortet.[26] So insipid
(albern) diese Scherze sind, so kläglich läßt sich der
Affekt auf unsern tragischen Bühnen hören, welcher, anstatt die wahre Natur nachzuahmen, nur
den geistlosen und unedeln Ausdruck der wirklichen
erreicht, so daß es uns nach einem solchen Tränen-
mahle gerade zu Mut ist, als wenn wir einen Besuch

---

[26] Diese guten Freunde haben es sehr übel aufgenommen, was ein Rezensent in der A. L. Z. *(Allgemeine Lite-
raten-Zeitung; Jena 1785—1832)* vor etlichen Jahren an
den B ü r g e r schen Gedichten getadelt hat, und der In-
grimm, womit sie wider diesen Stachel lecken, scheint zu
erkennen zu geben, daß sie mit der Sache jenes Dichters
ihre eigene zu verfechten glauben. Aber darin irren sie
sich sehr. Jene Rüge konnte bloß einem wahren Dichtergenie gelten, das von der Natur reichlich ausgestattet
war, aber versäumt hatte, durch eigne Kultur jenes sel-
tene Geschenk auszubilden. Ein solches Individuum

in Spitälern abgelegt oder S a l z m a n n s „Menschliches Elend" gelesen hätten. Noch viel schlimmer steht es um die satirische Dichtkunst und um den komischen Roman insbesondre, die schon ihrer Natur nach dem gemeinen Leben so nahe liegen und daher billig wie jeder Grenzposten gerade in den besten Händen sein sollten. Derjenige hat wahrlich den wenigsten Beruf, der M a l e r seiner Zeit zu werden, der das G e s c h ö p f und die K a r i k a t u r derselben ist; aber da es etwas so Leichtes ist, irgend einen lustigen Charakter, wär's auch nur e i n e n d i c k e n M a n n , unter seiner Bekanntschaft aufzujagen und die Fratze mit einer groben Feder auf dem Papier abzureißen, so fühlen zuweilen auch die geschworenen Feinde alles poetischen Geistes den Kitzel, in diesem Fache zu stümpern und einen Zirkel von würdigen Freunden mit der schönen Geburt zu ergötzen. Ein reingestimmtes Gefühl freilich wird nie in Gefahr sein, diese Erzeugnisse einer gemeinen Natur mit den geistreichen Früchten des naiven Genies zu verwechseln; aber an dieser reinen Stimmung des Gefühls fehlt es eben, und in den meisten Fällen will man bloß ein Bedürfnis befriedigt haben, ohne daß der Geist eine Forderung machte. Der so falsch verstandene, wiewohl an sich wahre Begriff, daß man sich bei Werken des schönen Geistes e r h o l e , trägt das Seinige redlich zu dieser Nachsicht bei, wenn man

---

durfte und mußte man unter den höchsten Maßstab der Kunst stellen, weil es Kraft in sich hatte, demselben, sobald es ernstlich wollte, genug zu tun; aber es wäre lächerlich und grausam zugleich, auf ähnliche Art mit Leuten zu verfahren, an welche die Natur nicht gedacht hat und die mit jedem Produkt, das sie zu Markte bringen, ein vollgültiges Testimonium paupertatis (*Armutszeugnis*) aufweisen.

es anders Nachsicht nennen kann, wo nichts Höheres geahndet wird und der Leser wie der Schriftsteller auf gleiche Art ihre Rechnung finden. Die gemeine Natur nämlich, wenn sie angespannt worden, kann sich nur in der L e e r h e i t erholen, und selbst ein hoher Grad von Verstand, wenn er nicht von einer gleichmäßigen Kultur der Empfindung unterstützt ist, ruht von seinem Geschäfte nur in einem geistlosen Sinnengenuß aus.

Wenn sich das dichtende Genie über alle z u f ä l l i g en Schranken, welche von jedem bestimmten Zustande unzertrennlich sind, mit freier Selbsttätigkeit muß erheben können, um die menschliche Natur in ihrem absoluten Vermögen zu erreichen, so darf es sich doch auf der andern Seite nicht über die n o t w e n d i g e n Schranken hinwegsetzen, welche der Begriff einer menschlichen Natur mit sich bringt; denn das Absolute, aber nur innerhalb der Menschheit, ist seine Aufgabe und seine Sphäre. Wir haben gesehen, daß das naive Genie zwar nicht in Gefahr ist, diese Sphäre zu überschreiten, wohl aber s i e n i c h t g a n z z u e r f ü l l e n, wenn es einer äußern Notwendigkeit oder dem zufälligen Bedürfnis des Augenblicks zu sehr auf Unkosten der innern Notwendigkeit Raum gibt. Das sentimentalische Genie hingegen ist der Gefahr ausgesetzt, über dem Bestreben, alle Schranken von ihr zu entfernen, die menschliche Natur ganz und gar aufzuheben und sich nicht bloß, was es darf und soll, über jede bestimmte und begrenzte Wirklichkeit hinweg zu der absoluten Möglichkeit zu erheben oder zu i d e a l i s i e r e n, sondern über die Möglichkeit selbst noch hinauszugehen oder zu s c h w ä r m e n. Dieser Fehler der Ü b e r s p a n n u n g ist ebenso in der spezifischen Eigentümlichkeit seines Verfahrens wie der entgegengesetzte der

Schlaffheit in der eigentümlichen Handlungsweise des naiven gegründet. Das naive Gemüt nämlich läßt die Natur in sich unumschränkt walten,
und da die Natur in ihren einzelnen zeitlichen
Äußerungen immer abhängig und bedürftig ist, so
wird das naive Gefühl nicht immer exaltiert (ge-
steigert, erregt) genug bleiben, um den zufälligen
Bestimmungen des Augenblicks widerstehen zu können. Das sentimentalische Genie hingegen verläßt
die Wirklichkeit, um zu Ideen aufzusteigen und mit
freier Selbsttätigkeit seinen Stoff zu beherrschen;
da aber die Vernunft ihrem Gesetze nach immer
zum Unbedingten strebt, so wird das sentimentalische Genie nicht immer nüchtern genug bleiben,
um sich ununterbrochen und gleichförmig innerhalb
der Bedingungen zu halten, welche der Begriff einer
menschlichen Natur mit sich führt und an welche
die Vernunft auch in ihrem freiesten Wirken hier
immer gebunden bleiben muß. Dieses könnte nur
durch einen verhältnismäßigen Grad von Empfänglichkeit geschehen, welche aber in dem sentimentalischen Dichtergeiste von der Selbsttätigkeit eben so
sehr überwogen wird, als sie in dem naiven die
Selbsttätigkeit überwiegt. Wenn man daher an den
Schöpfungen des naiven Genies zuweilen den Geist
vermißt, so wird man bei den Geburten des sentimentalischen oft vergebens nach dem Gegenstande fragen. Beide werden also, wiewohl auf
ganz entgegengesetzte Weise, in den Fehler der
Leerheit verfallen; denn ein Gegenstand ohne
Geist und ein Geistesspiel ohne Gegenstand sind
beide ein Nichts in dem ästhetischen Urteil.

Alle Dichter, welche ihren Stoff zu einseitig aus
der Gedankenwelt schöpfen und mehr durch eine
innere Ideenfülle als durch den Drang der Empfindung zum poetischen Bilden getrieben werden, sind

mehr oder weniger in Gefahr, auf diesen Abweg zu geraten. Die Vernunft zieht bei ihren Schöpfungen die Grenzen der Sinnenwelt viel zu wenig zu Rat, und der Gedanke wird immer weiter getrieben, als die Erfahrung ihm folgen kann. Wird er aber so weit getrieben, daß ihm nicht nur keine bestimmte Erfahrung mehr entsprechen kann (denn bis dahin darf und muß das Idealschöne gehen), sondern daß er den Bedingungen aller möglichen Erfahrung überhaupt widerstreitet und daß folglich, um ihn wirklich zu machen, die menschliche Natur ganz und gar verlassen werden müßte, dann ist es nicht mehr ein poetischer, sondern ein überspannter Gedanke, vorausgesetzt nämlich, daß er sich als darstellbar und dichterisch angekündigt habe; denn hat er dieses nicht, so ist es schon genug, wenn er sich nur nicht selbst widerspricht. Widerspricht er sich selbst, so ist er nicht mehr Überspannung, sondern U n s i n n ; denn was überhaupt nicht ist, das kann auch sein Maß nicht überschreiten. Kündigt er sich aber gar nicht als ein Objekt für die Einbildungskraft an, so ist er ebenso wenig Überspannung; denn das bloße Denken ist grenzenlos, und, was keine Grenze hat, kann auch keine überschreiten. Überspannt kann also nur dasjenige genannt werden, was zwar nicht die logische, aber die sinnliche Wahrheit verletzt und auf diese doch Anspruch macht. Wenn daher ein Dichter den unglücklichen Einfall hat, Naturen, die schlechthin ü b e r m e n s c h l i c h sind und auch nicht anders vorgestellt werden d ü r f e n , zum Stoff seiner Schilderung zu erwählen, so kann er sich vor dem Überspannten nur dadurch sicher stellen, daß er das Poetische aufgibt und es gar nicht einmal unternimmt, seinen Gegenstand durch die Einbildungskraft ausführen zu lassen. Denn täte er dieses, so würde entweder diese ihre Grenzen auf den Gegenstand übertragen und aus einem absoluten Objekt ein beschränktes m e n s c h l i c h e s machen (was z. B. alle griechischen Gottheiten sind und auch sein sollen), oder der Gegenstand würde der Einbildungskraft ihre Grenzen nehmen, d. h., er würde sie aufheben, worin eben das Überspannte besteht.

Man muß die überspannte Empfindung von dem Überspannten in der Darstellung unterscheiden; nur von der ersten ist hier die Rede. Das Objekt der Empfindung kann unnatürlich sein, aber sie selbst ist Natur und muß daher auch die Sprache derselben führen. Wenn also das Überspannte in der Empfindung aus Wärme des Herzens und einer wahrhaft dichterischen Anlage fließen kann, so zeugt das Überspannte in der Darstellung jederzeit von einem kalten Herzen und sehr oft von einem poetischen Unvermögen. Es ist also kein Fehler, vor welchem das sentimentalische Dichtergenie gewarnt werden müßte, sondern der bloß dem unberufenen Nachahmer desselben drohet, daher er auch die Begleitung des Platten, Geistlosen, ja des Niedrigen keineswegs verschmäht. Die überspannte Empfindung ist gar nicht ohne Wahrheit, und als wirkliche Empfindung muß sie auch notwendig einen realen Gegenstand haben. Sie läßt daher auch, weil sie Natur ist, einen einfachen Ausdruck zu und wird, vom Herzen kommend, auch das Herz nicht verfehlen. Aber da ihr Gegenstand nicht aus der Natur geschöpft, sondern durch den Verstand einseitig und künstlich hervorgebracht ist, so hat er auch bloß logische Realität, und die Empfindung ist also nicht rein menschlich. Es ist keine Täuschung, was H e l o i s e für Abälard (in der „Historia calamitatum mearum" des Abälard), was P e t r a r c h für seine Laura (in den Sonetten), was St. P r e u x für seine Julie (*„La nouvelle Héloise" von Rous-seau*), was W e r t h e r für seine Lotte fühlt, und was A g a t h o n , P h a n i a s , P e r e g r i n u s P r o t e u s (den Wielandischen meine ich — *auch die beiden erstgenannten Romane Wielands*) für ihre Ideale empfinden; die Empfindung ist wahr, nur der Gegenstand ist ein gemachter und liegt außerhalb der menschlichen Natur. Hätte sich ihr Gefühl bloß an die sinnliche Wahrheit der Gegenstände gehalten, so würde es jenen Schwung nicht haben nehmen können; hingegen würde ein bloß willkürliches Spiel der Phantasie ohne allen innern Gehalt auch nicht im Stande gewesen sein, das Herz zu bewegen, denn das Herz wird nur durch Vernunft bewegt. Diese Überspannung verdient also Zurechtweisung, nicht Verachtung, und wer darüber spottet, mag sich wohl prüfen, ob er nicht vielleicht aus Herzlosigkeit so klug, aus Vernunftmangel so verständig ist. So ist auch die überspannte Zärtlichkeit im Punkt der Galanterie und der Ehre, welche die Ritterromane, besonders die spanischen, charakterisiert, so ist die skrupulose, bis zur Kostbarkeit getriebene Delikatesse in den französischen und englischen sentimentalischen Romanen (von der besten Gattung) nicht nur subjektiv wahr, sondern auch in objektiver Rücksicht nicht gehaltlos; es sind echte Empfindungen, die wirklich eine moralische Quelle haben und die nur darum verwerflich sind, weil sie die Grenzen menschlicher Wahrheit überschreiten. Ohne jene moralische Realität — wie wäre es möglich, daß sie mit solcher Stärke und Innigkeit könnten mitgeteilt werden, wie doch die Erfahrung lehrt. Dasselbe gilt auch von der moralischen und religiösen Schwärmerei und von der exaltierten Freiheits- und Vaterlandsliebe. Da die Gegenstände dieser Empfindungen immer Ideen sind und in der äußern Erfahrung nicht erscheinen (denn, was z. B. den politischen Enthusiasten bewegt, ist nicht, was er siehet, sondern was er denkt), so hat die selbsttätige Einbildungskraft eine gefährliche Freiheit und kann nicht wie in andern Fällen durch die sinnliche Gegenwart ihres Objekts in ihre Grenzen zurückgewiesen werden. Aber weder der Mensch überhaupt noch der Dichter insbesondre darf sich der Gesetzgebung der Natur anders entziehen, als um sich unter die entgegengesetzte der Vernunft zu begeben; nur für das Ideal darf er die Wirklichkeit verlassen, denn an einem von diesen beiden Ankern muß die Freiheit befestiget sein. Aber der Weg von der Erfahrung zum Ideale ist so weit, und dazwischen liegt die Phantasie mit ihrer zügellosen Willkür. Es ist daher unvermeidlich, daß der Mensch überhaupt, wie der Dichter insbesondre, wenn er sich durch die Freiheit seines Verstandes aus der Herrschaft der Gefühle begibt, ohne durch Gesetze der Vernunft dazu getrieben zu werden, d. h., wenn er die Natur aus bloßer Freiheit verläßt, so lang o h n e G e s e t z ist, mithin der Phantasterei zum Raube dahin gegeben wird.

Daß sowohl ganze Völker als einzelne Menschen, welche der sichern Führung der Natur sich entzogen haben, sich wirklich in diesem Falle befinden, lehrt die Erfahrung, und eben diese stellt auch Beispiele genug von einer ähnlichen Verirrung in der Dichtkunst auf. Weil der echte sentimentalische Dichtungstrieb, um sich zum Idealen zu erheben, über die Grenzen wirklicher Natur hinausgehen muß, so geht der unechte über jede Grenze überhaupt hinaus und überredet sich, als wenn schon das wilde Spiel der Imagination *(Einbildung)* die poetische Begeisterung ausmache. Dem wahrhaften Dichtergenie, welches die Wirklichkeit nur um der Idee willen verlässet, kann dieses nie oder doch nur in Momenten begegnen, wo es sich selbst verloren hat; da es hingegen durch seine Natur selbst zu einer überspannten Empfindungsweise verführt werden kann. Es kann aber durch sein Beispiel andre zur Phantasterei verführen, weil Leser von reger Phantasie und schwachem Verstand ihm nur die Freiheiten absehen, die es sich gegen die wirkliche Natur herausnimmt, ohne ihm bis zu seiner hohen innern Notwendigkeit folgen zu können. Es geht dem sentimentalischen Genie hier, wie wir bei dem naiven gesehen haben. Weil dieses durch seine Natur alles ausführte, was es tut, so will der gemeine Nachahmer an seiner eigenen Natur keine schlechtere Führerin haben. Meisterstücke aus der naiven Gattung werden daher gewöhnlich die plattesten und schmutzigsten Abdrücke gemeiner Natur, und Hauptwerke aus der sentimentalischen ein zahlreiches Heer phantastischer Produktionen zu ihrem Gefolge haben, wie dieses in der Literatur eines jeden Volkes leichtlich nachzuweisen ist.

Es sind in Rücksicht auf Poesie zwei Grundsätze im Gebrauch, die an sich völlig richtig sind, aber in der Bedeutung, worin man sie gewöhnlich nimmt, einander gerade aufheben. Von dem ersten, „daß die Dichtkunst zum Vergnügen und zur Erholung diene", ist schon oben gesagt worden, daß er der Leerheit und Platitüde in poetischen Darstellungen nicht wenig günstig sei; durch den andern Grundsatz, „daß sie zur moralischen Veredlung des Menschen diene", wird das Überspannte in Schutz genommen. Es ist nicht überflüssig, beide Prinzipien, welche man so häufig im Munde führt, oft so ganz unrichtig auslegt und so ungeschickt anwendet, etwas näher zu beleuchten.

Wir nennen Erholung den Übergang von einem gewaltsamen Zustand zu demjenigen, der uns natürlich ist. Es kommt mithin hier alles darauf an, worein wir unsern natürlichen Zustand setzen und was wir unter einem gewaltsamen verstehen. Setzen wir jenen lediglich in ein ungebundenes Spiel unsrer physischen Kräfte und in eine Befreiung von jedem Zwang, so ist jede Vernunfttätigkeit, weil jede einen Widerstand gegen die Sinnlichkeit ausübt, eine Gewalt, die uns geschieht, und Geistesruhe, mit sinnlicher Bewegung verbunden, ist das eigentliche Ideal der Erholung. Setzen wir hingegen unsern natürlichen Zustand in ein unbegrenztes Vermögen zu jeder menschlichen Äußerung und in die Fähigkeit, über alle unsre Kräfte mit gleicher Freiheit disponieren zu können, so ist jede Trennung und V e r e i n z e l u n g dieser Kräfte ein gewaltsamer Zustand, und das Ideal der Erholung ist die Wiederherstellung unseres Naturganzen nach einseitigen Spannungen. Das erste Ideal wird also lediglich durch das Bedürfnis der s i n n l i c h e n Natur, das zweite wird durch die Selbständigkeit der m e n s c h l i c h e n aufgegeben. Welche von diesen beiden Arten der Erholung die Dichtkunst gewähren dürfe und müsse, möchte in der Theorie wohl keine Frage sein; denn niemand wird gerne das Ansehen haben wollen, als ob er das Ideal der Menschheit dem Ideale der Tierheit nachzusetzen versucht sein könnte. Nichtsdestoweniger sind die Forderungen, welche man im wirklichen Leben an poetische Werke zu machen pflegt, vorzugsweise von dem sinnlichen Ideal hergenommen, und in den meisten Fällen wird nach diesem — zwar nicht die A c h t u n g bestimmt, die man diesen Werken erweist, aber doch die N e i g u n g entschieden und der L i e b l i n g gewählt. Der Geisteszustand der mehresten Menschen ist auf einer Seite anspannende und erschöpfende **A r b e i t**, auf der andern erschlaffender **G e n u ß**. Jene aber, wissen wir, macht das sinnliche Bedürfnis nach Geistesruhe und nach einem Stillstand des Wirkens ungleich dringender als das moralische Bedürfnis nach Harmonie und nach einer absoluten Freiheit des Wirkens, weil vor allen Dingen erst die **N a t u r** befriedigt sein muß, ehe der **G e i s t** eine **F o r d e r u n g** machen kann; dieser bindet und lähmt die moralischen Triebe selbst, welche jene Forderung aufwerfen mußten. Nichts ist daher der Empfänglichkeit für das wahre Schöne nachteiliger als diese beiden nur allzu gewöhnlichen Gemütsstimmungen unter den Menschen, und es erklärt sich daraus, warum so gar wenige, selbst von bessern, in ästhetischen Dingen ein richtiges Urteil haben. Die Schönheit ist das Produkt der Zusammenstimmung zwischen dem Geist und den Sinnen; es spricht zu allen Vermögen des Menschen zugleich und kann daher nur unter der Voraussetzung eines vollständigen und freien Gebrauchs aller seiner Kräfte empfunden und gewürdiget werden. Einen offenen Sinn, ein erweitertes Herz, einen frischen und ungeschwächten Geist muß man dazu mitbringen, seine ganze Natur muß man beisammen haben, welches keineswegs der Fall derjenigen ist, die durch abstraktes Denken in sich selbst geteilt, durch kleinliche Geschäftsformeln eingeengt, durch anstrengendes Aufmerken ermattet sind. Diese verlangen zwar nach einem sinnlichen Stoff, aber nicht um das Spiel der Denkkräfte daran fortzusetzen, sondern um es einzustellen. Sie wollen frei sein, aber nur von einer Last, die ihre Trägheit ermüdete, nicht von einer Schranke, die ihre Tätigkeit hemmte.

Darf man sich also noch über das Glück der Mittelmäßigkeit und Leerheit in ästhetischen Dingen und über die Rache der schwachen Geister an dem wahren und energischen Schönen verwundern? Auf Erholung rechneten sie bei diesem, aber auf eine Erholung nach ihrem Bedürfnis und nach ihrem armen Begriff, und mit Verdruß entdecken sie, daß ihnen jetzt erst eine Kraftäußerung zugemutet wird, zu der ihnen auch in ihrem besten Moment das Vermögen fehlen möchte. Dort hingegen sind sie willkommen, wie sie sind; denn so wenig Kraft sie auch mitbringen, so brauchen sie doch noch viel weniger, um den Geist ihres Schriftstellers auszuschöpfen. Der Last des Denkens sind sie hier auf einmal entledigt, und die losgespannte Natur darf sich im seligen Genuß des Nichts auf dem weichen Polster der P l a t i t ü d e pflegen. In dem Tempel Thaliens und Melpomenens, so wie er bei uns bestellt ist, thront die geliebte Göttin, empfängt in ihrem weiten Schoß den stumpfsinnigen Gelehrten und den erschöpften Geschäftsmann und wiegt den Geist in einen magnetischen Schlaf, indem sie die erstarrten Sinne erwärmt und die Einbildungskraft in einer süßen Bewegung schaukelt.

Und warum wollte man den gemeinen Köpfen nicht nachsehen, was selbst den besten oft genug zu begegnen pflegt? Der Nachlaß, welchen die Natur nach jeder anhaltenden Spannung fordert und sich auch ungefordert nimmt (und nur für solche Momente pflegt man den Genuß schöner Werke aufzusparen), ist der ästhetischen Urteilskraft so wenig günstig, daß unter den eigentlich beschäftigten Klassen nur äußerst wenige sein werden, die in Sachen des Geschmacks mit Sicherheit und, worauf hier so viel ankommt, mit Gleichförmigkeit urteilen können. Nichts ist gewöhnlicher, als daß sich die Gelehrten den gebildeten Weltleuten gegenüber in Urteilen über die Schönheit die lächerlichsten Blößen geben und daß besonders die Kunstrichter von Handwerk der Spott aller Kenner sind. Ihr verwahrlostes, bald überspanntes, bald rohes Gefühl leitet sie in den mehrsten Fällen falsch, und wenn sie auch zur Verteidigung desselben in der Theorie etwas aufgegriffen haben, so können sie daraus nur t e c h n i s c h e (die Zweckmäßigkeit eines Werks betreffende), nicht aber ä s t h e t i s c h e Urteile bilden, welche immer das Ganze umfassen müssen und bei denen also die Empfindung entscheiden muß. Wenn sie endlich nur gutwillig auf die letztern Verzicht leisten und es bei den erstern bewenden lassen wollten, so möchten sie immer noch Nutzen genug stiften, da der Dichter in seiner Begeisterung und der empfindende Leser im Moment des Genusses das einzelne gar leicht vernachlässigen. Ein desto lächerlicheres Schauspiel ist es aber, wenn diese rohen Naturen, die es mit aller peinlichen Arbeit an sich selbst höchstens zu Ausbildung einer einzelnen Fertigkeit bringen, ihr dürftiges Individuum zum Repräsentanten des allgemeinen Gefühls aufstellen und im Schweiß ihres Angesichts — über das Schöne richten.

Dem Begriff der E r h o l u n g , welche die Poesie zu gewähren habe, werden, wie wir gesehen, gewöhnlich viel zu enge Grenzen gesetzt, weil man ihn zu einseitig auf das bloße Bedürfnis der Sinnlichkeit zu beziehen pflegt. Gerade umgekehrt wird dem Begriff der V e r e d l u n g , welche der Dichter beabsichtigen soll, gewöhnlich ein viel zu weiter Umfang gegeben, weil man ihn zu einseitig nach der bloßen Idee bestimmt.

Der Idee nach geht nämlich die Veredlung immer ins Unendliche, weil die Vernunft in ihren Forderungen sich an die notwendigen Schranken der Sinnenwelt nicht bindet und nicht eher als bei dem absolut Vollkommenen stille steht. Nichts, worüber sich noch etwas Höheres denken läßt, kann ihr Genüge leisten; vor ihrem strengen Gerichte entschuldigt kein Bedürfnis der endlichen Natur; sie erkennt keine andern Grenzen an als des Gedankens, und von diesem wissen wir, daß er sich über alle Grenzen der Zeit und des Raumes schwingt. Ein solches Ideal der Veredlung, welches die Vernunft in ihrer reinen Gesetzgebung vorzeichnet, darf sich also der Dichter ebensowenig als jedes niedrige Ideal der Erholung, welches die Sinnlichkeit aufstellt, zum Zwecke setzen, da er die Menschheit zwar von allen zufälligen Schranken befreien soll, aber ohne ihren Begriff aufzuheben und ihre notwendigen Grenzen zu verrücken. Was er über diese Linien hinaus sich erlaubt, ist Überspannung, und zu dieser eben wird er nur allzuleicht durch einen falsch verstandenen Begriff von Veredlung verleitet. Aber das Schlimme ist, daß er sich selbst zu dem wahren Ideal menschlicher Veredlung nicht wohl erheben kann, ohne noch einige Schritte über dasselbe hinaus zu geraten. Um nämlich dahin zu gelangen, muß er die Wirklichkeit verlassen, denn er kann es, wie jedes Ideal, nur aus innern und moralischen Quellen schöpfen. Nicht in der Welt, die ihn umgibt, und im Geräusch des handelnden Lebens, in seinem Herzen nur trifft er es an, und nur in der Stille einsamer Betrachtung findet er sein Herz. Aber diese Abgezogenheit vom Leben wird nicht immer bloß die zufälligen — sie wird öfters auch die notwendigen und unüberwindlichen Schranken der Menschheit aus seinen Augen rücken, und indem er die reine Form sucht, wird er in Gefahr sein, allen Gehalt zu verlieren. Die Vernunft wird ihr Geschäft viel zu abgesondert von

der Erfahrung treiben, und was der kontemplative
(*beschauliche*) Geist auf dem ruhigen Wege des Denkens aufgefunden, wird der handelnde Mensch
auf dem drangvollen Wege des Lebens nicht in Er-
füllung bringen können. So bringt gewöhnlich eben
das den Schwärmer hervor, was allein imstande
war, den Weisen zu bilden, und der Vorzug des
letztern möchte wohl weniger darin bestehen, daß
er das erste nicht geworden, als darin, daß er es
nicht geblieben ist.

Da es also weder dem arbeitenden Teile der Menschen überlassen werden darf, den Begriff der Erholung nach seinem Bedürfnis, noch dem kontem-
plativen Teile, den Begriff der Veredlung nach seinen Spekulationen zu bestimmen, wenn jener Begriff nicht zu physisch und der Poesie zu unwürdig,
dieser nicht zu hyperphysisch und der Poesie zu
überschwänglich ausfallen soll — diese beiden Begriffe aber, wie die Erfahrung lehrt, das allgemeine
Urteil über Poesie und poetische Werke regieren,
so müssen wir uns, um sie auslegen zu lassen, nach
einer Klasse von Menschen umsehen, welche, ohne
zu arbeiten, tätig ist und idealisieren kann, ohne
zu schwärmen, welche alle Realitäten des Lebens
mit den wenigst möglichen Schranken desselben in
sich vereiniget und vom Strome der Begebenheiten
getragen wird, ohne der Raub desselben zu werden.
Nur eine solche Klasse kann das schöne Ganze
menschlicher Natur, welches durch jede Arbeit
augenblicklich und durch ein arbeitendes Leben an-
haltend zerstört wird, aufbewahren und in allem,
was rein menschlich ist, durch ihre G e f ü h l e dem
allgemeinen Urteil Gesetze geben. Ob eine solche
Klasse wirklich existiere, oder vielmehr, ob diejenige, welche unter ähnlichen äußern Verhältnissen
wirklich existiert, diesem Begriffe auch im Innern

entspreche, ist eine andre Frage, mit der ich hier nichts zu schaffen habe. Entspricht sie demselben nicht, so hat sie bloß sich selbst anzuklagen, da die entgegengesetzte arbeitende Klasse wenigstens die Genugtuung hat, sich als ein Opfer ihres Berufs zu betrachten. In einer solchen Volksklasse (die ich aber hier bloß als Idee aufstelle und keineswegs als ein Faktum bezeichnet haben will) würde sich der naive Charakter mit dem sentimentalischen also vereinigen, daß jeder den andern vor seinem Extreme bewahrte und, indem der erste das Gemüt vor Überspannung schützte, der andere es vor Erschlaffung sicher stellte. Denn endlich müssen wir es doch gestehen, daß weder der naive noch der sentimentalische Charakter, für sich allein betrachtet, das Ideal schöner Menschlichkeit ganz erschöpfen, das nur aus der innigen Verbindung beider hervorgehen kann.

Zwar so lange man beide Charaktere bis zum d i c h t e r i s c h e n exaltiert, wie wir sie auch bisher betrachtet haben, verliert sich vieles von den ihnen adhärierenden *(anhängenden)* Schranken, und auch ihr Gegensatz wird immer weniger merklich, in einem je höhern Grad sie poetisch werden; denn die poetische Stimmung ist ein selbständiges Ganze, in welchem alle Unterschiede und alle Mängel verschwinden. Aber eben darum, weil es nur der Begriff des Poetischen ist, in welchem beide Empfindungsarten zusammentreffen können, so wird ihre gegenseitige Verschiedenheit und Bedürftigkeit in demselben Grade merklicher, als sie den poetischen Charakter ablegen; und dies ist der Fall im gemeinen Leben. Je tiefer sie zu diesem herabsteigen, desto mehr verlieren sie von ihrem generischen *(Gattungs-)*Charakter, der sie einander näher bringt, bis zuletzt in ihren Karikaturen nur der Artcharakter übrig bleibt, der sie einander entgegensetzt.

Dieses führt mich auf einen sehr merkwürdigen psychologischen Antagonism *(Gegensatz, Widerstreit)* unter den Menschen in einem sich kultivierenden Jahrhundert, einen Antagonism, der, weil er radikal und in der innern Gemütsform gegründet ist, eine schlimmere Trennung unter den Menschen anrichtet, als der zufällige Streit der Interessen je hervorbringen könnte, der dem Künstler und Dichter alle Hoffnung benimmt, allgemein zu gefallen und zu rühren, was doch seine Aufgabe ist; der es dem Philosophen, auch wenn er alles getan hat, unmöglich macht, allgemein zu überzeugen, was doch der Begriff einer Philosophie mit sich bringt; der es endlich dem Menschen im praktischen Leben niemals vergönnen wird, seine Handlungsweise allgemein gebilligt zu sehen; kurz, einen Gegensatz, welcher schuld ist, daß kein Werk des Geistes und keine Handlung des Herzens bei einer Klasse ein entscheidendes Glück machen kann, ohne eben dadurch bei der andern sich einen Verdammungsspruch zuzuziehen. Dieser Gegensatz ist ohne Zweifel so alt als der Anfang der Kultur und dürfte vor dem Ende derselben schwerlich anders als in einzelnen seltenen Subjekten, deren es hoffentlich immer gab und immer geben wird, beigelegt werden; aber obgleich zu seinen Wirkungen auch diese gehört, daß er jeden Versuch zu seiner Beilegung vereitelt, weil kein Teil dahin zu bringen ist, einen Mangel auf seiner Seite und eine Realität auf der andern einzugestehen, so ist es doch immer Gewinn genug, eine so wichtige Trennung bis zu ihrer letzten Quelle zu verfolgen und dadurch den eigentlichen Punkt des Streits wenigstens auf eine einfachere Formel zu bringen.

Man gelangt am besten zu dem wahren Begriff dieses Gegensatzes, wenn man, wie ich eben bemerkte, sowohl von dem naiven, als von dem sentimentalischen Charakter absondert, was beide Poetisches haben. Es bleibt alsdann von dem erstern nichts übrig, als in Rücksicht auf das Theoretische ein nüchterner Beobachtungsgeist und eine feste Anhänglichkeit an das gleichförmige Zeugnis der Sinne, in Rücksicht auf das Praktische eine resignierte Unterwerfung unter die Notwendigkeit (nicht aber unter die blinde Nötigung) der Natur, eine Ergebung also in das, was ist und was sein muß. Es bleibt von dem sentimentalischen Charakter nichts übrig als im Theoretischen ein unruhiger Spekulationsgeist, der auf das Unbedingte in allen Erkenntnissen dringt, im Praktischen ein moralischer Rigorism *(strenges Festhalten an Grundsätzen)*, der auf dem Unbedingten in Willenshandlungen bestehet. Wer sich zu der ersten Klasse zählt, mag ein R e a l i s t, und wer zur andern, ein I d e a l i s t genannt werden, bei welchen Namen man sich aber weder an den guten noch schlimmen Sinn, den man in der Metaphysik damit verbindet, erinnern darf.[27]

---

[27] Ich bemerke, um jeder Mißdeutung vorzubeugen, daß es bei dieser Einteilung ganz und gar nicht darauf abgesehen ist, eine Wahl zwischen beiden, folglich eine Begünstigung des einen mit Ausschließung des andern zu veranlassen. Gerade diese A u s s c h l i e ß u n g, welche sich in der Erfahrung findet, bekämpfe ich, und das Resultat der gegenwärtigen Betrachtungen wird der Beweis sein, daß nur durch die vollkommen gleiche E i n s c h l i e ß u n g beider dem Vernunftbegriffe der Menschheit kann Genüge geleistet werden. Übrigens nehme ich beide in ihrem würdigsten Sinn und in der ganzen Fülle

Da der Realist durch die Notwendigkeit der Natur sich bestimmen läßt, der Idealist durch die Notwendigkeit der Vernunft sich bestimmt, so muß zwischen beiden dasselbe Verhältnis stattfinden, welches zwischen den Wirkungen der Natur und den Handlungen der Vernunft angetroffen wird. Die Natur, wissen wir, obgleich eine unendliche Größe im ganzen, zeigt sich in jeder einzelnen Wirkung abhängig und bedürftig; nur in dem All ihrer Erscheinungen drückt sie einen selbständigen großen Charakter aus. Alles Individuelle in ihr ist nur deswegen, weil etwas anderes ist; nichts springt aus sich selbst, alles nur aus dem vorhergehenden Moment hervor, um zu einem folgenden zu führen. Aber eben diese gegenseitige Beziehung der Erscheinungen aufeinander sichert einer jeden das Dasein durch das Dasein der andern, und von der Abhängigkeit ihrer Wirkungen ist die Stetigkeit und Notwendigkeit derselben unzertrennlich. Nichts ist frei in der Natur, aber auch nichts ist willkürlich in derselben.

Und gerade so zeigt sich der Realist sowohl in seinem W i s s e n als in seinem T u n. Auf alles, was bedingungsweise existiert, erstreckt sich der Kreis seines Wissens und Wirkens; aber nie bringt er es auch weiter als zu bedingten Erkenntnissen, und die Regeln, die er sich aus einzelnen Erfahrungen bildet, gelten, in ihrer ganzen Strenge genom-

---

ihres Begriffs, der nur immer mit der Reinheit desselben und mit Beibehaltung ihrer spezifischen Unterschiede bestehen kann. Auch wird es sich zeigen, daß ein hoher Grad menschlicher Wahrheit sich mit beiden verträgt und daß ihre Abweichungen voneinander zwar im einzelnen, aber nicht im ganzen, zwar der Form, aber nicht dem Gehalt nach eine Veränderung machen.

men, auch nur einmal; erhebt er die Regel des Augenblicks zu einem allgemeinen Gesetz, so wird er sich unausbleiblich in Irrtum stürzen. Will daher der Realist in seinem Wissen zu etwas Unbedingtem gelangen, so muß er es auf dem nämlichen Wege versuchen, auf dem die Natur ein Unendliches wird, nämlich auf dem Wege des Ganzen und in dem All der Erfahrung. Da aber die Summe der Erfahrung nie völlig abgeschlossen wird, so ist eine komparative *(vergleichsweise)* Allgemeinheit das Höchste, was der Realist in seinem Wissen erreicht. Auf die Wiederkehr ähnlicher Fälle baut er seine Einsicht und wird daher richtig urteilen in allem, was in der Ordnung ist; in allem hingegen, was zum erstenmal sich darstellt, kehrt seine Weisheit zu ihrem Anfang zurück.

Was von dem Wissen des Realisten gilt, das gilt auch von seinem (moralischen) Handeln. Sein Charakter hat Moralität, aber diese liegt, ihrem reinen Begriffe nach, in keiner einzelnen Tat, nur in der ganzen Summe seines Lebens. In jedem besondern Fall wird er durch äußere Ursachen und durch äußere Zwecke bestimmt werden; nur daß jene Ursachen nicht zufällig, jene Zwecke nicht augenblicklich sind, sondern aus dem Naturganzen subjektiv fließen und auf dasselbe sich objektiv beziehen. Die Antriebe seines Willens sind also zwar in rigoristischem *(überaus strengem)* Sinne weder frei genug noch moralisch lauter genug, weil sie etwas anders als den bloßen Willen zu ihrer Ursache und etwas anders als das bloße Gesetz zu ihrem Gegenstand haben; aber es sind eben so wenig blinde und materialistische Antriebe, weil dieses andre das absolute Ganze der Natur, folglich etwas Selbständiges und Notwendiges ist. So zeigt sich der gemeine Menschenverstand, der vorzügliche Anteil des Realisten, durchgängig im Denken und im Betragen. Aus dem einzelnen Falle schöpft er die Regel seines Urteils, aus einer innern Empfindung die Regel seines Tuns; aber mit glücklichem Instinkt weiß er von beiden alles Momentane und Zufällige zu scheiden. Bei dieser Methode fährt er im ganzen vortrefflich und wird schwerlich einen bedeutenden Fehler sich vorzuwerfen haben; nur auf Größe und Würde möchte er in keinem besondern Fall Anspruch machen können. Diese ist nur der Preis der Selbständigkeit und Freiheit, und davon sehen wir in seinen einzelnen Handlungen zu wenige Spuren.

Ganz anders verhält es sich mit dem Idealisten, der aus sich selbst und aus der bloßen Vernunft seine Erkenntnisse und Motive nimmt. Wenn die Natur in ihren einzelnen Wirkungen immer abhängig und beschränkt erscheint, so legt die Vernunft den Charakter der Selbständigkeit und Vollendung gleich in jede einzelne Handlung. Aus sich selbst schöpft sie alles, und auf sich selbst bezieht sie alles. Was durch sie geschieht, geschieht nur um ihretwillen; eine absolute Größe ist jeder Begriff, den sie aufstellt, und jeder Entschluß, den sie bestimmt. Und eben so zeigt sich auch der Idealist, soweit er diesen Namen mit Recht führt, in seinem Wissen wie in seinem Tun. Nicht mit Erkenntnissen zufrieden, die bloß unter bestimmten Voraussetzungen gültig sind, sucht er bis zu Wahrheiten zu dringen, die nichts mehr voraussetzen und die Voraussetzung von allem andern sind. Ihn befriedigt nur die philosophische Einsicht, welche alles bedingte Wissen auf ein unbedingtes zurückführt und an dem Notwendigen in dem menschlichen Geist alle Erfahrung befestiget; die Dinge, denen der Realist sein Denken unterwirft, muß er sich, seinem Denkvermögen unterwerfen. Und er verfährt hierin mit völliger Befugnis; denn wenn die Gesetze des menschlichen Geistes nicht auch zugleich die Weltgesetze wären, wenn die Vernunft endlich selbst unter der Erfahrung stünde, so würde auch keine Erfahrung möglich sein.

Aber er kann es bis zu absoluten Wahrheiten gebracht haben und dennoch in seinen Kenntnissen dadurch nicht viel gefördert sein. Denn alles freilich steht zuletzt unter notwendigen und allgemeinen Gesetzen, aber nach zufälligen und besondern Regeln wird jedes einzelne regiert; und in der Natur ist alles einzeln. Er kann also mit seinem philosophischen Wissen das Ganze beherrschen und für das Besondere, für die Ausübung, dadurch nichts gewonnen haben; ja, indem e r überall auf die o b e r - s t e n Gründe dringt, durch die alles möglich wird, kann er die n ä c h s t e n Gründe, durch die alles wirklich wird, leicht versäumen; indem er überall auf das Allgemeine sein Augenmerk richtet, welches die verschiedensten Fälle einander gleich macht, kann er leicht das Besondre vernachlässigen, wodurch sie sich voneinander unterscheiden. Er wird also sehr viel mit seinem Wissen u m f a s s e n können und wird eben deswegen wenig f a s s e n und oft an Einsicht verlieren, was er an Übersicht gewinnt. Daher kommt es, daß, wenn der spekulative Verstand den gemeinen um seiner B e s c h r ä n k t - h e i t willen verachtet, der gemeine Verstand den spekulativen seiner L e e r h e i t wegen verlacht; denn die Erkenntnisse verlieren immer an bestimmtem Gehalt, was sie an Umfang gewinnen.

In der moralischen Beurteilung wird man bei dem Idealisten eine reinere Moralität im einzelnen, aber weit weniger moralische Gleichförmigkeit im ganzen finden. Da er nur insofern Idealist heißt, als er aus reiner Vernunft seine Bestimmungsgründe nimmt, die Vernunft aber in jeder ihrer Äußerungen sich absolut beweist, so tragen schon seine einzelnen Handlungen, sobald sie überhaupt nur moralisch sind, den g a n z e n Charakter moralischer Selbständigkeit und Freiheit; und gibt es überhaupt nur im wirklichen Leben eine wahrhaft sittliche Tat, die es auch vor einem rigoristischen Urteil bliebe, so kann sie nur von dem Idealisten ausgeübt werden. Aber je reiner die Sittlichkeit seiner einzelnen Handlungen ist, desto zufälliger ist sie auch; denn Stetigkeit und Notwendigkeit ist zwar der Charakter der Natur, aber nicht der Freiheit. Nicht zwar, als ob der Idealismus mit der Sittlichkeit je in Streit geraten könnte, welches sich widerspricht, sondern weil die menschliche Natur eines konsequenten Idealismus gar nicht fähig ist. Wenn sich der Realist auch in seinem moralischen Handeln einer physischen Notwendigkeit ruhig und gleichförmig unterordnet, so muß der Idealist einen Schwung nehmen, er muß augenblicklich seine Natur exaltieren (*übersteigern*), und er vermag nichts, als insofern er begeistert ist. Alsdann freilich vermag er auch desto mehr, und sein Betragen wird einen Charakter von Hoheit und Größe zeigen, den man in den Handlungen des Realisten vergeblich sucht. Aber das wirkliche Leben ist keineswegs geschickt, jene Begeisterung in ihm zu wecken, und noch viel weniger, sie gleichförmig zu nähren. Gegen das Absolutgroße, von dem er jedesmal ausgeht, macht das Absolutkleine des einzelnen Falles, auf den er es anzuwenden hat, einen gar zu starken Absatz. Weil sein Wille der Form nach immer auf das Ganze gerichtet ist, so will er ihn der Materie nach nicht auf Bruchstücke richten, und doch sind es mehrenteils nur geringfügige Leistungen, wodurch er seine moralische Gesinnung beweisen kann. So geschieht es denn nicht selten, daß er über dem unbegrenzten Ideale den begrenzten Fall der Anwendung übersiehet und, von einem Maximum erfüllt, das Minimum verabsäumt, aus dem allein doch alles Große in der Wirklichkeit erwächst.

Will man also dem Realisten Gerechtigkeit widerfahren lassen, so muß man ihn nach dem ganzen Zusammenhang seines Lebens richten; will man sie dem Idealisten erweisen, so muß man sich an einzelne Äußerungen desselben halten, aber man muß diese erst herauswählen. Das gemeine Urteil, welches so gern nach dem einzelnen entscheidet, wird daher über den Realisten gleichgültig schweigen, weil seine einzelnen Lebensakte gleich wenig Stoff zum Lob und zum Tadel geben; über den Idealisten hingegen wird es immer Partei ergreifen und zwischen Verwerfung und Bewunderung sich teilen, weil in dem einzelnen sein Mangel und seine Stärke liegt.

Es ist nicht zu vermeiden, daß bei einer so großen Abweichung in den Prinzipien beide Parteien in ihren Urteilen einander nicht oft gerade entgegengesetzt sein und, wenn sie selbst in den Objekten und Resultaten übereinträfen, nicht in den Gründen auseinander sein sollten. Der Realist wird fragen, w o z u e i n e S a c h e g u t s e i, und die Dinge nach dem, was sie wert sind, zu taxieren wissen; der Idealist wird fragen, o b s i e g u t s e i, und die Dinge nach dem taxieren, was sie würdig sind. Von dem, was seinen Wert und Zweck in sich selbst hat (das Ganze jedoch immer ausgenommen), weiß und hält der Realist nicht viel; in Sachen des Geschmacks wird er dem Vergnügen, in Sachen der Moral wird er der Glückseligkeit das Wort reden, wenn er diese gleich nicht zur Bedingung des sittlichen Handelns macht; auch in seiner Religion vergißt er seinen Vorteil nicht gern, nur daß er denselben in dem Ideale des höchsten Guts veredelt und heiligt. Was er liebt, wird er zu beglücken, der Idealist wird es zu veredeln suchen. Wenn daher der Realist in seinen politischen Tendenzen den Wohlstand bezweckt, gesetzt, daß es auch von der moralischen Selbständigkeit des Volks etwas kosten sollte, so wird der Idealist selbst auf Gefahr des Wohlstandes die Freiheit zu seinem Augenmerk machen. Unabhängigkeit des Zustandes ist jenem, Unabhängigkeit von dem Zustande ist diesem das höchste Ziel, und dieser charakteristische Unterschied läßt sich durch ihr beiderseitiges Denken und Handeln verfolgen. Daher wird der Realist seine Zuneigung immer dadurch beweisen, daß er gibt, der Idealist dadurch, daß er empfängt; durch das, was er in seiner Großmut aufopfert, verrät jeder, was er am höchsten schätzt. Der Idealist wird die Mängel seines Systems mit seinem Individuum und seinem zeitlichen Zustand bezahlen, aber er achtet dieses Opfer nicht; der Realist büßt die Mängel des seinigen mit seiner persönlichen Würde, aber er erfährt nichts von diesem Opfer. Sein System bewährt sich an allem, wovon er Kundschaft hat, und wornach er ein Bedürfnis empfindet — was bekümmern ihn Güter, von denen er keine Ahnung und an die er keinen Glauben hat? Genug für ihn, er ist im Besitze, die Erde ist sein, und es ist Licht in seinem Verstande, und Zufriedenheit wohnt in seiner Brust. Der Idealist hat lange kein so gutes Schicksal. Nicht genug, daß er oft mit dem Glücke zerfällt, weil er versäumte, den Moment zu seinem Freunde zu machen, er zerfällt auch mit sich selbst; weder sein Wissen noch sein Handeln kann ihm Genüge tun. Was er von sich fordert, ist ein Unendliches, aber

117

beschränkt ist alles, was er leistet. Diese Strenge, die er gegen sich selbst beweist, verleugnet er auch nicht in seinem Betragen gegen andre. Er ist zwar großmütig, weil er sich andern gegenüber seines Individuums weniger erinnert; aber er ist öfters unbillig, weil er das Individuum ebenso leicht in andern übersieht. Der Realist hingegen ist weniger großmütig; aber er ist billiger, da er alle Dinge mehr in i h r e r B e g r e n z u n g beurteilt. Das Gemeine, ja selbst das Niedrige im Denken und Handeln kann er verzeihen, nur das Willkürliche, das Exzentrische *(das außerhalb des Mittelpunktes Liegende, Verschrobene)* nicht; der Idealist hingegen ist ein geschworner Feind alles Kleinlichen und Platten und wird sich selbst mit dem Extravaganten *(Verstiegenen, Überspannten)* und Ungeheuren versöhnen, wenn es nur von einem großen Vermögen zeugt. Jener beweist sich als Menschenfreund, ohne eben einen sehr hohen Begriff von den Menschen und der Menschheit zu haben; dieser denkt von der Menschheit so groß, daß er darüber in Gefahr kommt, die Menschen zu verachten.

Der Realist für sich allein würde den Kreis der Menschheit nie über die Grenzen der Sinnenwelt hinaus erweitert, nie den menschlichen Geist mit seiner selbständigen Größe und Freiheit bekannt gemacht haben; alles Absolute in der Menschheit ist ihm nur eine schöne Schimäre *(Trugbild)* und der Glaube daran nicht viel besser als Schwärmerei, weil er den Menschen niemals in seinem reinen Vermögen, immer nur in einem bestimmten und eben darum begrenzten Wirken erblickt. Aber der Idealist für sich allein würde ebenso wenig die sinnlichen Kräfte kultiviert und den Menschen als Naturwesen ausgebildet haben, welches doch ein gleich wesentlicher Teil seiner Bestimmung und die

Bedingung aller moralischen Veredlung ist. Das Streben des Idealisten geht viel zu sehr über das sinnliche Leben und über die Gegenwart hinaus; für das Ganze nur, für die Ewigkeit will er säen und pflanzen und vergißt darüber, daß das Ganze nur der vollendete Kreis des Individuellen, daß die Ewigkeit nur eine Summe von Augenblicken ist. Die Welt, wie der Realist sie um sich herum bilden möchte und wirklich bildet, ist ein wohlangelegter Garten, worin alles nützt, alles seine Stelle verdient und, was nicht Früchte trägt, verbannt ist; die Welt unter den Händen des Idealisten ist eine weniger benutzte, aber in einem größeren Charakter ausgeführte Natur. Jenem fällt es nicht ein, daß der Mensch noch zu etwas anderm da sein könne, als wohl und zufrieden zu leben, und daß er nur deswegen Wurzeln schlagen soll, um seinen Stamm in die Höhe zu treiben. Dieser denkt nicht daran, daß er vor allen Dingen wohl leben muß, um gleichförmig gut und edel zu denken, und daß es auch um den Stamm getan ist, wenn die Wurzeln fehlen.

Wenn in einem System etwas ausgelassen ist, wornach doch ein dringendes und nicht zu umgehendes Bedürfnis in der Natur sich vorfindet, so ist die Natur nur durch eine Inkonsequenz gegen das System zu befriedigen. Einer solchen Inkonsequenz machen auch hier beide Teile sich schuldig, und sie beweist, wenn es bis jetzt noch zweifelhaft geblieben sein könnte, zugleich die Einseitigkeit beider Systeme und den reichen Gehalt der menschlichen Natur. Von dem Idealisten brauch' ich es nicht erst insbesondere darzutun, daß er notwendig aus seinem System treten muß, sobald er eine bestimmte Wirkung bezweckt; denn alles bestimmte Dasein steht unter zeitlichen Bedingungen und erfolgt nach empirischen *(erfahrungsmäßigen)* Gesetzen. In Rücksicht auf den Realisten hingegen könnte es zweifelhafter scheinen, ob er nicht auch schon innerhalb seines Systems allen notwendigen Forderungen der Menschheit Genüge leisten kann. Wenn man den Realisten fragt: Warum tust du, was recht ist, und leidest, was notwendig ist? so wird er im Geist seines Systems darauf antworten: Weil es die Natur so mit sich bringt, weil es so sein muß. Aber damit ist die Frage noch keineswegs beantwortet, denn es ist nicht davon die Rede, was die Natur mit sich bringt, sondern was der Mensch will; denn er kann ja auch n i c h t wollen, was sein muß. Man kann ihn also wieder fragen: Warum willst du denn, was sein muß? Warum unterwirft sich dein freier Wille dieser Naturnotwendigkeit, da er sich ihr ebenso gut (wenn gleich ohne Erfolg, von dem hier auch gar nicht die Rede ist) entgegensetzen könnte und sich in Millionen deiner Brüder derselben wirklich entgegensetzt? Du kannst nicht sagen, weil alle andern Naturwesen sich derselben unterwerfen, denn du allein hast einen Willen, ja, du fühlst, daß deine Unterwerfung eine freiwillige sein soll. Du unterwirfst dich also, wenn es freiwillig geschieht, nicht der Naturnotwendigkeit selbst, sondern der I d e e derselben; denn jene zwingt dich bloß blind, wie sie den Wurm zwingt; deinem Willen aber kann sie nichts anhaben, da du, selbst von ihr zermalmt, einen andern Willen haben kannst. Woher bringst du aber jene Idee der Naturnotwendigkeit? Aus der Erfahrung doch wohl nicht, die dir nur einzelne Naturwirkungen, aber keine Natur (als Ganzes) und nur einzelne Wirklichkeiten, aber keine Notwendigkeit liefert. Du gehst also über die Natur hinaus und benimmst dich idealistisch, so oft du entweder m o r a l i s c h h a n -

d e l n oder nur nicht **b l i n d l e i d e n** willst. Es ist also offenbar, daß der Realist würdiger handelt, als er seiner Theorie nach zugibt, so wie der Idealist erhabener denkt, als er handelt. Ohne es sich selbst zu gestehen, beweist jener durch die ganze Haltung seines Lebens die Selbständigkeit, dieser durch einzelne Handlungen die Bedürftigkeit der menschlichen Natur.

Einem aufmerksamen und parteilosen Leser werde ich nach der hier gegebenen Schilderung (deren Wahrheit auch derjenige eingestehen kann, der das Resultat nicht annimmt) nicht erst zu beweisen brauchen, daß das Ideal menschlicher Natur unter beide verteilt, von keinem aber völlig erreicht ist. Erfahrung und Vernunft haben beide ihre eigenen Gerechtsame, und keine kann in das Gebiet der andern einen Eingriff tun, ohne entweder für den innern oder äußern Zustand des Menschen schlimme Folgen anzurichten. Die Erfahrung allein kann uns lehren, was unter gewissen Bedingungen ist, was unter bestimmten Voraussetzungen erfolgt, was zu bestimmten Zwecken geschehen muß. Die Vernunft allein kann uns hingegen lehren, was ohne alle Bedingung gilt und was notwendig sein muß. Maßen wir uns nun an, mit unserer bloßen Vernunft über das äußere Dasein der Dinge etwas ausmachen zu wollen, so treiben wir bloß ein leeres Spiel, und das Resultat wird auf nichts hinauslaufen; denn alles Dasein steht unter Bedingungen, und die Vernunft bestimmt unbedingt. Lassen wir aber ein zufälliges Ereignis über dasjenige entscheiden, was schon der bloße Begriff unseres eigenen Seins mit sich bringt, so machen wir uns selber zu einem leeren Spiele des Zufalls, und unsre Persönlichkeit wird auf nichts hinauslaufen. In dem ersten Fall ist es also um den **W e r t** (den zeitlichen Gehalt) unsers Le-

bens, in dem zweiten um die W ü r d e (den moralischen Gehalt) unsers Lebens getan.

Zwar haben wir in der bisherigen Schilderung
dem Realisten einen moralischen Wert und dem
Idealisten einen Erfahrungsgehalt zugestanden,
aber bloß insofern beide nicht ganz konsequent verfahren und die Natur in ihnen mächtiger wirkt als
das System. Obgleich aber beide dem Ideal vollkommener Menschheit nicht ganz entsprechen, so ist
zwischen beiden doch der wichtige Unterschied, daß
der Realist zwar dem Vernunftbegriff der Menschheit in keinem einzelnen Falle Genüge leistet, dafür
aber dem Verstandesbegriff derselben auch niemals
widerspricht, der Idealist hingegen zwar in einzelnen Fällen dem höchsten Begriff der Menschheit
näher kommt, dagegen aber nicht selten sogar unter
dem niedrigsten Begriffe derselben bleibet. Nun
kommt es aber in der Praxis des Lebens weit mehr
darauf an, daß das Ganze g l e i c h f ö r m i g
menschlich gut, als daß das einzelne z u f ä l l i g
göttlich sei — und wenn also der Idealist ein ge-
schickteres Subjekt ist, uns von dem, was der
Menschheit möglich ist, einen großen Begriff zu
erwecken und Achtung für ihre Bestimmung ein-
zuflößen, so kann nur der Realist sie mit Stetigkeit
in der Erfahrung ausführen und die Gattung in
ihren ewigen Grenzen erhalten. Jener ist zwar ein
edleres, aber ein ungleich weniger vollkommenes
Wesen; dieser erscheint zwar durchgängig weniger
edel, aber er ist dagegen desto vollkommener; denn
das Edle liegt schon in dem Beweis eines großen
Vermögens, aber das Vollkommene liegt in der
Haltung des Ganzen und in der wirklichen Tat.

Was von beiden Charakteren in ihrer besten Bedeutung gilt, das wird noch merklicher in ihren
beiderseitigen K a r i k a t u r e n. Der wahre Rea-

lism ist wohltätig in seinen Wirkungen und nur weniger edel in seiner Quelle; der falsche ist in seiner Quelle verächtlich und in seinen Wirkungen nur etwas weniger verderblich. Der wahre Realist nämlich unterwirft sich zwar der Natur und ihrer Notwendigkeit, aber der Natur als einem Ganzen, aber ihrer ewigen und absoluten Notwendigkeit, nicht ihren blinden und augenblicklichen N ö t i g u n g e n. Mit Freiheit umfaßt und befolgt er ihr Gesetz, und immer wird er das Individuelle dem Allgemeinen unterordnen; daher kann es auch nicht fehlen, daß er mit dem echten Idealisten in dem endlichen Resultat übereinkommen wird, wie verschieden auch der Weg ist, welchen beide dazu einschlagen. Der gemeine Empiriker *(Erfahrungsmensch)* hingegen unterwirft sich der Natur als einer Macht und mit wahlloser blinder Ergebung. Auf das einzelne sind seine Urteile, seine Bestrebungen beschränkt; er glaubt und begreift nur, was er betastet; er schätzt nur, was ihn sinnlich verbessert. Er ist daher auch weiter nichts, als was die äußern Eindrücke zufällig aus ihm machen wollen; seine Selbstheit ist unterdrückt, und als Mensch hat er absolut keinen Wert und keine Würde. Aber als Sache ist er immer noch etwas, er kann noch immer zu etwas gut sein. Eben die Natur, der er sich blindlings überliefert, läßt ihn nicht ganz sinken; ihre ewigen Grenzen schützen ihn, ihre unerschöpflichen Hilfsmittel retten ihn, sobald er seine Freiheit nur ohne allen Vorbehalt aufgibt. Obgleich er in diesem Zustand von keinen Gesetzen weiß, so walten diese doch unerkannt über ihm, und wie sehr auch seine einzelnen Bestrebungen mit dem Ganzen im Streit liegen mögen, so wird sich dieses doch unfehlbar dagegen zu behaupten wissen. Es gibt Menschen genug, ja wohl ganze Völker, die in diesem verächtlichen Zustande leben, die bloß durch die Gnade des Naturgesetzes ohne alle Selbstheit bestehen und daher auch nur zu e t w a s gut sind; aber daß sie auch nur leben und bestehen, beweist, daß dieser Zustand nicht ganz gehaltlos ist.

Wenn dagegen schon der wahre Idealismus in seinen Wirkungen unsicher und öfters gefährlich ist, so ist der falsche in den seinigen schrecklich. Der wahre Idealist verläßt nur deswegen die Natur und Erfahrung, weil er hier das Unwandelbare und unbedingt Notwendige nicht findet, wornach die Vernunft ihn doch streben heißt; der Phantast verläßt die Natur aus bloßer Willkür, um dem Eigensinne der Begierden und den Launen der Einbildungskraft desto ungebundener nachgeben zu können. Nicht in die Unabhängigkeit von physischen Nötigungen, in die Lossprechung von moralischen setzt er seine Freiheit. Der Phantast verleugnet also nicht bloß den menschlichen — er verleugnet allen Charakter, er ist völlig ohne Gesetz, er ist also gar nichts und dient auch zu gar nichts. Aber eben darum, weil die Phantasterei keine Ausschweifung der Natur, sondern der Freiheit ist, also aus einer an sich achtungswürdigen Anlage entspringt, die ins Unendliche perfektibel *(vervollkommnungsfähig)* ist, so führt sie auch zu einem unendlichen Fall in eine bodenlose Tiefe und kann nur in völliger Zerstörung sich endigen.

Schillers Abhandlung „Über naive und sentimentalische Dichtung", zuerst in Fortsetzungen in den „Horen" erschienen, fällt in das Jahr 1795; sie ist eine Frucht des ständigen Umgangs und der unablässigen Auseinandersetzung mit Goethe. Diesem war Schiller 1794 recht eigentlich erst begegnet — sein Neujahrsbrief vom 2. Januar 1795 beginnt mit den Worten: „Meine besten Wünsche zu dem neuen Jahre, und noch einen herzlichen Dank für das verflossene, das mir durch Ihre Freundschaft vor allen übrigen ausgezeichnet und unvergeßlich ist." Goethe seinerseits erlebt den langsamen Entstehungsprozeß dieses letzten großen Stückes Schillerscher philosophischer Besinnung teilnehmend und zustimmend mit; in seinem Brief vom 25. November 1795 heißt es: „Auf Ihren Aufsatz verlange ich sehr. Das was ich von Ihren Ideen kenne, hat mir in dieser letzten Zeit im Praktischen manchen Vorteil gebracht; so wenig man mit Bewußtsein erfindet, so sehr bedarf man des Bewußtseins besonders bei längern Arbeiten"; am 29. November 1795 schreibt er weiter: „Ihre Abhandlung schicke ich hier mit vielem Danke zurück. Da diese Theorie mich selbst so gut behandelt, so ist nichts natürlicher als daß ich den Prinzipien Beifall gebe und daß mir die Folgerungen richtig erscheinen. Ich würde aber mehr Mißtrauen darein setzen, wenn ich mich nicht anfangs selbst in einem polemischen Zustand gegen Ihre Meinung befunden hätte. Denn es ist Ihnen nicht unbekannt, daß ich, aus einer allzu großen Vorliebe für die alte Dichtung, gegen die neuere oft ungerecht war. Nach Ihrer Lehre kann ich erst selbst mit mir einig werden, da ich das nicht mehr zu schelten brauche, was ein unwiderstehlicher Trieb mich doch, unter gewissen Bedingungen, hervorzubringen nötigte, und es ist eine sehr angenehme Empfindung mit sich selbst und seinen Zeitgenossen nicht ganz unzufrieden zu sein"; und am 10. Februar 1796 stellt Goethe ausdrücklich fest: „Den Beschluß der Abhandlung über die naiven und sentimentalischen Dichter und Menschen habe ich mit großem Vergnügen wieder gelesen; auch höre ich von auswärts, daß die ersten Abschnitte sehr gut aufgenommen sind. Es kommt nur jetzt darauf an, immer dieselbe Stelle zu treffen, und die Wirkung wird wohl nicht ausbleiben."

Auf diese Zustimmung Goethes, unter dem unmittelbaren Eindruck der Lektüre ausgesprochen und an den Dichterfreund unmittelbar gerichtet, fällt ein bezeichnendes Licht durch das Gespräch, das Eckermann für den 14. November 1823 aufgezeichnet hat. Zunächst äußert sich Eckermann selbst über Schiller: „Es geht mir mit Schiller eigen; einige Szenen seiner großen Theaterstücke lese ich mit wahrer Liebe und Bewunderung, dann aber komme ich auf Verstöße gegen die Wahrheit der Natur, und ich kann nicht weiter. Selbst mit dem ‚Wallenstein' geht es mir nicht anders. Ich kann nicht umhin zu glauben, daß Schillers philosophische Richtung seiner Poesie geschadet hat; denn durch sie kam er dahin, die Idee höher zu halten als alle Natur, ja die Natur dadurch zu vernichten. Was er sich denken konnte, mußte geschehen, es mochte nun der Natur gemäß oder ihr zuwider sein."

„Es ist betrübend", sagte Goethe, „wenn man sieht, wie ein so außerordentlich begabter Mensch sich mit philosophischen Denkweisen herumquälte, die ihm nichts helfen konnten. Humboldt hat mir Briefe mitgebracht, die Schiller in der unseligen Zeit jener Spekulationen an ihn geschrieben. Man sieht daraus, wie er sich damals mit der Intention plagte, die sentimentale Poesie von der naiven ganz frei zu machen. Aber nun konnte er für jene Dichtart keinen Boden finden, und dies brachte ihn in unsägliche Verwirrung. Und als ob", fügte Goethe lächelnd hinzu, „die sentimentale Poesie ohne einen naiven Grund, aus welchem sie gleichsam hervorwächst, nur irgend bestehen könnte!

„Es war nicht Schillers Sache", fuhr Goethe fort, „mit

einer gewissen Bewußtlosigkeit und gleichsam instinkt-
mäßig zu verfahren, vielmehr mußte er über jedes, was
er tat, reflektieren; woher es auch kam, daß er über seine
poetischen Vorsätze nicht unterlassen konnte, sehr viel
hin- und herzureden, so daß er alle seine späteren Stücke
Szene für Szene mit mir durchgesprochen hat.

„Dagegen war es ganz gegen meine Natur, über das,
was ich von poetischen Plänen vorhatte, mit irgend
jemandem zu reden, selbst nicht mit Schiller. Ich trug
alles still mit mir herum, und niemand erfuhr in der
Regel etwas, als bis es vollendet war. Als ich Schillern
meinen ‚Hermann und Dorothea‘ fertig vorlegte, war er
verwundert, denn ich hatte ihm vorher mit keiner Silbe
gesagt, daß ich dergleichen vorhatte.

„Aber ich bin neugierig, was Sie morgen zum ‚Wallenstein‘ sagen werden! Sie werden große Gestalten sehen,
und das Stück wird auf Sie einen Eindruck machen, wie
Sie es sich wahrscheinlich nicht vermuten."

Damit ist das Erregende, das Richtungweisende der
Schillerschen Abhandlung auch für den heutigen Leser
aufgedeckt; damit ist greifbar deutlich, wie er wirken
und worin er mißverstanden werden kann.

Die Begegnung Goethes und Schillers im Jahre 1794
förderte in beiden die Erkenntnis ihres eigenen Wesens .
und zeigte ihre völlige Verschiedenheit; aus Geschichte
und Philosophie baute Schiller sein Weltbild, aus Natur-
schauen, Kunsterleben und umfassender Lebenserfahrung
nährte sich Goethes Geist — philosophische und tragische
Dichtung bei dem einen, Lyrik und Epik bei dem anderen waren die Früchte ihres schöpferischen Genius'. Die
Leistung beider für das gesamte deutsche Geistesleben,
als „Klassik" der Höhepunkt unserer Kultur, bestand
darin, daß sie den Bund schlossen und in gegenseitiger
Hochachtung und Befruchtung die jedem eingeborene
Form zu reinster Ausprägung entwickelten. Für diesen
Vorgang ist die Schillersche Abhandlung die klassische
Formulierung geworden; *er* „mußte reflektieren", als es
für ihn galt, das Ereignis der Begegnung mit Goethe für
seine Person zu bewältigen, und er tat es nach dem
Gesetz, nach dem er angetreten war.

Im Jahrfünft zwischen 1790 und 1795 vollzog Schiller seine philosophische Auseinandersetzung mit Kant — 1790 war dessen „Kritik der Urteilskraft" erschienen, auf die Schiller gleich zu Beginn auch seiner letzten großen Abhandlung (S. 4) ausdrücklich Bezug nimmt. Ihm ist Philosophie das Mittel der Selbsterkenntnis. In der Schrift „Über Anmut und Würde" (Juni 1793), die die Krönung der „vorgoethischen" Periode seines Philosophierens darstellt, gewann er, über Kant hinaus, die Einsicht, daß die Vollkommenheit des Charakters da erreicht ist, wo Pflicht und Neigung zu voller Einheit miteinander gekommen sind. Die Anmut als Selbstdarstellung der schönen Seele gehört in das Reich sittlicher Schönheit, das Schiller entdeckt; nun greifen in dieser Welt des Schönen seine Gedanken weiter aus, und er entwickelt eine umfassende Lehre von der Bedeutung des Künstlerischen in der menschlichen Kulturarbeit. Den ihm angeborenen Beruf des Künstlers und Dichters sucht er zu verstehen; der Drang zu solcher Art der Selbsterkenntnis verbindet sich sofort mit der Bemühung um das verstandesmäßige Erfassen des dichterischen Phänomens Goethe, das ihm gleichzeitig entgegentritt. Das Lebenschaffende, das Schöpferische überhaupt, wird das zentrale Thema. So wird der unbestechliche Wahrheitssucher zugleich der unerbittliche Richter jeglicher Entartung. Indem er erkennt, an welchem Platz der Dichtung er selbst steht, und indem er erlebt und begrifflich zu bestimmen sucht, welchen anderen der eben gewonnene Dichterfreund Goethe einnimmt, lernt er das Ganze der Dichtung überschauen, gewinnt er die Maßstäbe und Begriffe, ihrer Grundgestalten innezuwerden. „Über naive und sentimentalische Dichtung" ist also ein Grundwerk der Ästhetik für unsere Erkenntnis der geistigen Welt der Klassik geworden. Weil aber in dieser Schrift die Forderung nach dem *ganzen* Menschen erhoben wird, ist sie über ihre geistesgeschichtliche Bedeutung hinaus bis heute ohne Einschränkung lebendig, ja: aktuell geblieben. Denn wir sind weit davon entfernt, über Schiller hinausgekommen zu sein; Verstand, Wille und Phantasie sind gerade im modernen Geistesleben so sehr freigesetzt, daß wir — in der Kontrolle durch Schillers in zahllosen Beispielen erhärtetes Gedankengefüge — uns des Bruchstückhaften heutiger Leistungen bewußt werden. Es kommt auch heute darauf an, um mit Goethe zu reden, „immer dieselbe Stelle zu treffen".

Worin liegt das Beispielhafte dieser Abhandlung? Zunächst einmal beruht es in der überlegenen Beherrschung des Materials. Mit sicherem Blick werden die markanten Beispiele aus der großen Dichtung herausgegriffen. Das ausdrückliche Bekenntnis zu Shakespeare, Lessing, Klopstock, Bürger, Voß — um einige Namen neben denen Kants und Goethes herauszugreifen —, bezeichnet den Raum, in dem sich Schillers Vorstellungen vorwiegend ergehen, eindeutig. Die Fülle der beigebrachten Beispiele und ihre geschichtliche Einordnung führt jedoch nicht von dem eigentlichen Zweck der Darstellung ab; Schiller verwahrt sich betont gegen die Unterstellung, er wolle Literatur*geschichte* bieten.

Es geht durchaus um die Klarstellung der Begriffe, es geht um die Wahrheit der Erkenntnis des Grundsätzlichen. Hier liegt Schillers entscheidendes Verdienst. Der späte Goethe hat zwar bedauert, daß Schiller durch solche Reflexion seiner dichterischen Produktion selbst im Wege gestanden habe. Mit der Weisheit des Alters aber hat er solche Meinung sofort wieder eingeschränkt — „Sie werden große Gestalten sehen!" —, und er hatte früher ja selbst anerkannt, daß solche Ideen ihm „im Praktischen manchen Vorteil gebracht" haben und daß man „des Bewußtseins besonders bei längern Arbeiten" bedürfe.

Schillers, des Idealisten, Verdienst bleibt also ungeschmälert, wenn selbst der große Realist Goethe den Nutzen, ja die Notwendigkeit seiner Bemühungen zugibt. Freilich besteht die Schwierigkeit — gegen die Goethe von vornherein polemisierte und auf die er im hohen Alter, Eckermann zur Beruhigung, wieder hinweist —, daß die eindeutige Schärfe der Begriffe, um die es denkerisch Schiller gehen mußte, gegenüber dem einzelnen dichterischen Kunstwerk viel an Eindeutigkeit einbüßt, ohne daß damit die fruchtbare Einsicht in das letzte Wesen von Mensch und Kunstwerk eine Einschränkung erführe. Goethe selbst hatte, unbefriedigt von verwaschener Terminologie, 1788 einen eigenen Beitrag zu diesem Problem geliefert; sein Aufsatz „Einfache Nachahmung der Natur, Manier, Stil" beginnt: „Es scheint nicht überflüssig zu sein, genau anzuzeigen, was wir uns bei diesen Worten denken"; er begegnet Schiller also auch auf dessen eigenem Felde. Solche Zucht des Denkens, solche Schärfe des Ausdrucks, wie Schiller sie in seinem Aufsatz auf die gesamte Dichtkunst anwendet, ist bis heute in dieser großartigen Hellsichtigkeit unerreicht.

Dabei weiß Schiller sehr wohl, daß sie auch zu seiner Zeit alles andere als Gemeingut war. So erklären sich seine temperamentvollen Bemerkungen zur Literaturkritik seiner Zeit, die ihm umso näher lagen, als er gleichzeitig mit Goethe die bissigen „Xenien" schmiedete, die blitzartig die Impotenz und Indolenz mancher Zeitgenossen zur Schau stellten und dem Gelächter der Sachkenner preisgaben. Ein bitterer Ton schwingt bei Schiller mit, wenn er von der „Gesindestube deutscher Literatur" (S. 38) spricht. Die Warnungen, die vor mehr als 150 Jahren erhoben wurden, sind wahrlich auch heute noch nicht gegenstandslos geworden!

Ist demnach Schillers Wort für den geistesgeschichtlichen Forscher, für den philosophierenden Menschen und für den kritischen Literaturbetrachter eine „hohe Schule" geblieben bis auf den heutigen Tag, so ist das Erfrischende und Befreiende der Schillerschen Redeweise für jeden fühlenden und denkenden Menschen darin begründet, daß sie zugleich um Schlichtheit, um Einfachheit bemüht ist. Mag diese oder jene literarische Reminiszenz, auf die Schiller zurückgreift, für den heutigen Leser verblaßt sein, er stößt immer wieder auf Kernsätze, die ganz unmittelbar dem Leben dienen — auch wenn das Schillersche Weltbild als Ganzes nicht mehr mit jener begeisterten Gläubigkeit aufgenommen werden kann, die Schiller sagen ließ: „Wahre menschliche Natur kann nie anders als edel sein" (S. 89). Hier bei Schiller steht — in einem Nebensatz! — die umfassendste Begriffsbestimmung der Poesie, die je ausgesprochen wurde — sie gibt „der Menschheit ihren möglichst vollständigen Ausdruck" (S. 35); hier wird ebenso ihre Wirkung im Leben bis in die feinste Verästelung aufgespürt. Man lese, was Schiller über „Erholung" (S. 94 f, 102 ff) zu sagen weiß.

Dem Mißverständnis aber, aus dem heraus Eckermann überbetont formulierte: „... (Schiller) kam dahin, die Idee höher zu halten als alle Natur, ja die Natur dadurch zu vernichten. Was er sich denken konnte, mußte geschehen, es mochte nun der Natur gemäß oder ihr zuwider sein", hat Schiller die würdige Entgegnung schon vorweggenommen: „Die Dichter sind überall, schon ihrem Begriffe nach, die *Bewahrer* der Natur. Wo sie dieses nicht ganz mehr sein können und schon in sich selbst den zerstörenden Einfluß willkürlicher und künstlicher Formen erfahren oder doch mit demselben zu kämpfen gehabt haben, da werden sie als die *Zeugen* und als die *Rächer* der Natur auftreten. Sie werden entweder Natur *sein*, oder sie werden die verlorene *suchen.* Daraus entspringen zwei ganz verschiedene Dichtungsweisen, durch welche das ganze Gebiet der Poesie erschöpft und ausgemessen wird. Alle Dichter, die es wirklich sind, werden, je nachdem die Zeit beschaffen ist, in der sie blühen, oder zufällige Umstände auf ihre allgemeine Bildung und auf ihre vorübergehende Gemütsstimmung Einfluß haben, entweder zu den *naiven* oder zu den *sentimentalischen* gehören" (S. 29).

Die Textwiedergabe erfolgt so, daß Schillers *Redeweise (z. B. „beabsichtet"; „mehresten")* beibehalten, seine *Schreibweise* jedoch durch die Normalschreibweise ersetzt wurde. Alle S p e r r u n g e n entsprechen dem Originaltext, alle erklärenden *Zusätze* des Herausgebers sind *kursiv* gesetzt.

Oberursel, den 24. April 1952

Johannes Beer

NAMENREGISTER

A b ä l a r d , Peter (1079—1142),
scholastischer Philosoph und
Theologe; „Historia calami-
tatum mearum": tragischer
Liebesroman mit Heloïse. 98
A d e l u n g , Johann Christoph
(1732—1806), Sprachforscher;
Grammatisch-kritisches Wör-
terbuch der hochdeutschen
(meißnischen) Mundart 1774 bis
1780. 67
A d r i a n VI. s. Hadrian
Ä s c h y l u s (Aischylos; 6./5.
Jhdt. v. Chr.), Schöpfer der
griechischen Tragödie. 28
A r c h i m e d (es) (c. 287—212
v. Chr.), griechischer Mathe-
matiker. 19
A r i o s t (o), Lodovico(1474 bis
1533), italienischer Dichter im
Dienste der Este von Ferrara;
„Orlando furioso" 1516 und
1532. 19, 31 f.
A r i s t o p h a n e s (c. 450 bis
385 v. Chr.), griechischer Komödiendichter. 49, 92
A r i s t o t e l e s (c. 384 — c.
321 v. Chr.), griechischer Philosoph, Erzieher Alexanders
d. Gr.; Kategorienlehre. 85
A u g u s t u s , Gajus Octavius
(63 v. Chr. bis 14 n. Chr.),
seit 31 v. Chr. Alleinherrscher
in Rom, Friedensfürst (Augu-
steisches Zeitalter). 53
B o d m e r , Johann Jakob (1698
bis 1783), Schweizer Dichter. 91
B ü r g e r , Gottfried August
(1747—1794), deutscher Lyriker; Gedichte zuerst 1778 erschienen. 93
C ä s a r , Gajus Julius (100—44
v. Chr.), römischer Staatsmann
und Feldherr. 19

C e r v a n t e s (Miguel de Cer-
vantes Saavedra, 1547—1616),
spanischer Dichter; „Ingenioso
hidalgo Don Quijote de la
Mancha". 19, 49
C r é b i l l o n d. J., Claude
Prosper Jolyot (1707—1777),
Verfasser schlüpfriger Ro-
mane; „Der Sopha" 1745. 73
D a n t e , Alighieri (1265—1321),
Italiens größter Dichter; „La
Divina Commedia". 19
D e n i s , Michael (1729—1800),
Jesuit; Übersetzer Ossians
1768. 64
D e s c a r t e s , René (Renatus
Cartesius, 1596—1650), fran-
zösischer Philosoph, Mathe-
matiker und Naturwissen-
schaftler. 85
D i a n a , altitalienische Göttin
des Lichts, der Natur und der
Jagd. 29
D i d e r o t , Denis (1713—1784),
französischer Gelehrter und
Schriftsteller. 73
D ü r e r , Albrecht (1471—1528),
deutscher Maler und Graphi-
ker. 19
E p a m i n o n d a s (c. 418 bis
362 v. Chr.), thebanischer
Feldherr. 19
E u r i p i d e s (480—406 v.
Chr.), griechischer Tragiker. 28
F i e l d i n g , Henry (1707 bis
1754), Advokat und Verfasser
realistischer Romane; „Tom
Jones" 1749. 19, 49, 91
G e l l e r t , Christian Fürchte-
gott (1715—1769), volkstüm-
licher deutscher Dichter der
Aufklärung. 92
G e r s t e n b e r g , Heinrich Wil-
helm von (1737—1823), Dich-
ter aus dem Kreis des „Göttinger Hains". 64

132

G e ß n e r, Salomon (1730 bis 1788), Schweizer Dichter; „Idyllen" 1756; „Der Tod Abels", Erzählung 1758. 64, 80

G ö c k i n g k, Leopold Friedrich Günther von (1748—1828), lyrischer Dichter aus der Wielandschen Schule, gehört zum Kreis des „Göttinger Hains"; „Lieder zweier Liebender" 1777. 64

G o e t h e, Johann Wolfgang von (1749—1832); „Werthers Leiden" 1774; „Iphigenie" 1787; „Tasso" 1789; „Faust" 1790; „Wilhelm Meisters Lehrjahre" 1795. 38, 65 f., 99

G o l d o n i, Carlo (1707 bis 1793), italienischer Komödiendichter. 92

G u s t a v A d o l f (1594 bis 1632), König von Schweden. 19

H a d r i a n VI., Papst 1521 bis 1523, aus Utrecht, Lehrer Karls V. 15 ff.

H a l l e r, Albrecht von (1708 bis 1777), Schweizer Dichter, Arzt und Naturforscher; „Die Alpen" 1729. 44, 56 ff.

H e i n r i c h IV. (1553—1610), König von Frankreich 1589 bis 1610. 19

H e i n s e, Johann Jakob Wilhelm (1749—1803), Romandichter aus Wielands Schule; „Ardinghello und die glückseligen Inseln" 1787. 72

H i p p o k r a t e s (c. 460 bis 377 v.Chr.), griechischer Arzt. 19

H ö l t y, Ludwig Heinrich Christoph (1748—1776), lyrischer Dichter aus dem Kreis des „Göttinger Hains". 64

H o l b e r g, Ludwig (1684 bis 1754), dänischer Komödiendichter. 92

H o m e r (8. Jahrh. v. Chr.), jonischer Dichter in Kleinasien. 27, 30, 31 ff., 39, 91

H o r a z (Quintus Horatius Flaccus, 65—8 v. Chr.), römischer Lyriker, sein Landsitz Tibur. 28, 29

J a c o b i, Johann Georg (1740 bis 1814), Lyriker, Freund Wielands. 64

J u v e n a l (Decimus Junius Juvenalis, c. 60—140), römischer Satiriker, Rhetor und Offizier. 44

K a l i d a s a (4. Jahrh. n. Chr.), indischer Dichter; „Sakuntala" (Schauspiel). 91

K a n t, Immanuel (1724—1804), Philosoph; „Kritik der Urteilskraft" 1790. 4, 8 ff.

K l e i s t, Ewald von (1715 bis 1759), dänischer und preußischer Offizier; „Der Frühling" 1749; „Sehnsucht nach Ruhe" 1744; „Cissides und Paches" 1759; Trauerspiel „Seneka" auf Anregung von Lessing. 56, 58 ff.

K l o p s t o c k, Friedrich Gottlieb (1724—1803); „Der Messias" 1748—1773; „Geistliche Lieder" 1758; „Oden" 1771; Dramen: „Der Tod Adams", Trauerspiel 1757; „Salomo"; „David"; „Hermanns Schlacht" 1769; „Hermann und die Fürsten" 1784; Hermanns Tod" 1787. 38, 39, 51, 56, 57, 60 ff.

L a c l o s, Pierre Ambroise Francois Choderlos de (1741 bis 1803), französischer Offizier und Schriftsteller; „Les Liaisons dangereuses" 1782. 73

L e s s i n g, Gotthold Ephraim (1729—1781); „Minna von Barnhelm" 1767; „Nathan der Weise" 1779; „Hamburgische Dramaturgie". 38, 47, 92

L o c k e, John (1632—1704), englischer Philosoph, Psychologe und Pädagoge, Hauptvertreter des Empirismus. 85

L o n g o s von Lesbos (3. Jahrh. n. Chr.), griechischer Prosaiker; „Daphnis und Chloë" (Hirtenroman). 79

L o p e de Vega, Felix (1562 bis 1635), spanischer Dramatiker. 92

L u k i a n (os) (c. 125 — c. 180), griechischer Satiriker. 48

133

Friedrich Schiller

EINZELAUSGABEN IN RECLAMS UNIVERSAL-BIBLIOTHEK

PHILIPP RECLAM JUN. STUTTGART